U0929422

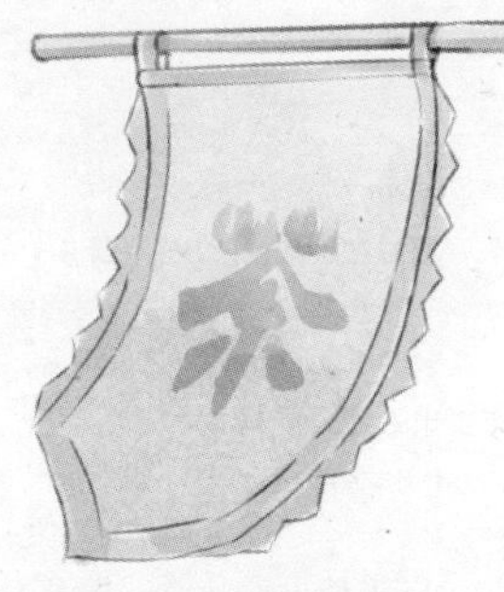

曾维惠 著

老茶家的女儿们

西南师范大学出版社
国家一级出版社 全国百佳图书出版单位

图书在版编目(CIP)数据

老茶家的女儿们 / 曾维惠著. -- 重庆 : 西南师范大学出版社, 2018.8
ISBN 978-7-5621-9523-8

Ⅰ. ①老… Ⅱ. ①曾… Ⅲ. ①长篇小说－中国－当代 Ⅳ. ①I247.5

中国版本图书馆CIP数据核字(2018)第169840号

老茶家的女儿们
LAOCHAJIA DE NÜERMEN
曾维惠 著

责任编辑 李晓瑞
装帧设计 熊熊

排　　版 重庆大雅数码印刷有限公司
出版发行 西南师范大学出版社
地　　址 重庆市北碚区天生路2号
邮政编码 400715
网　　址 http://www.xscbs.com
经　　销 全国新华书店
印　　刷 重庆长虹印务有限公司
幅面尺寸 145mm×210mm
印　　张 8.25
字　　数 192千字
版　　次 2018年8月 第1版
印　　次 2018年8月 第1次印刷
书　　号 ISBN 978-7-5621-9523-8
定　　价 29.00元

目录

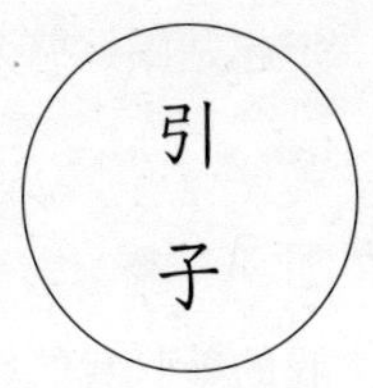

引子

“走,去讨个喜。”

“哪里有喜?”

“老茶家嫁外孙女。”

“赶紧的,去赶个吉利。”

“生得好端正的外孙女,哪家有这样的好福气?”

“王幺嫂家。”

“就那个王富根?”

“嗯。”

“真的是那个王富根?”

“嗯。”

“王富根那个憨样,真是憨人有憨福。”

……

是的,老茶家的外孙女,今天出嫁,嫁给河对面的王富根。

听,新娘的闺中好友们,正在骂媒:

背时媒人没良心,
牵起姑娘跳火坑,
背时媒人坏透顶,

牵起姑娘嫁憨人。

……

听,老茶家的外孙女,正在哭嫁:

我的爹呀我的娘,

辛辛苦苦把女养,

如今女儿嫁出门,

爹娘白白疼一场。

……

新娘哭了爹娘,又开始哭姊妹:

一个橘子十二瓣,

你我姊妹是同伴,

同一屋檐朝夕处,

如今姊妹要分开。

……

“花轿到——”

新娘把该哭的都一一哭过,听到“花轿到”,又对着墙壁哭了一回:

北风寒,冰雪天,

鹰儿嫁到河对岸。

从此幸福擦肩过,

眼中便无好生活。

……

这一哭,新娘是哭给自己的。

这一哭，让旁人都忍不住掩面，落泪。

“新姑娘出阁——先踩斗——娘家的好运别带走——”

堂屋香火旁的斗里，装着秤、剪刀、尺子、扣子、谷子，新娘出阁时，踩斗而出，表明不把娘家的好运带走。

“丢筷——十二双筷子丢在屋——衣食饭碗留娘家——”

新娘把十二双筷子扔在身后的屋内，表明把衣食饭碗丢给娘家。

新娘爸爸压轿后，一个声音高喊着：“上轿——哥哥背妹妹，好活一辈辈——”

这时候，一个黑黑的壮年男子，走到新娘跟前，背起新娘，一步一步地朝堂屋外走……每一步，都走得那样稳，每一步，都走得那样慢，仿佛要把这短短的距离，走出一个世纪来。

背着新娘的，是她的哥哥，但不是她的亲哥哥，而是她爸爸妈妈收的干儿子。

“呜呜呜——”新娘哭得无比伤心。

来到轿前，新娘紧紧地抓住哥哥的肩膀，不愿意从他的背上下来。

“鹰儿，好好过去，好好生活……”哥哥说话的声音很轻，新娘却听见了，她虽然很不舍，但还是放开了手。

新娘一上轿，刚刚背妹妹的哥哥，几步就钻进了隔壁的“张打铁”铁匠铺。

“哟哟哟，哥哥是要送亲的哟，今天不用打铁，不会扣你的工资，赶紧去送吧。”铁匠铺的老板娘尖着嗓门儿喊着，“你俩成不了一家人，也总要好好地送人家过门吧！送过去好好地告诉那个王憨……呃，那个王富根，对你家妹子好点儿，可别让这朵花儿蔫儿了……”

哥哥假装没有听见，拿起铁锤，使劲儿地捶着一块铁……

“嘻嘻嘻，吃，吃，吃……”

“哎哎哎，不要抢我的喜糖，不要抢我的喜糖……”

着新郎装的那个人，竟然从一个五岁的小男孩手中抢过一大把喜糖，也没有剥一下，便一股脑儿朝嘴里塞。

“王富根，自个儿的喜糖也好吃啊？哈哈哈！”

“哟，你要是不叫他王富根，我都不知道他叫什么名字了，那个王憨包……”

“小声点儿，莫叫王憨包，莫让老茶公老茶婆听见了，老茶一家对人不错，给人留点儿脸面吧。”

“唉，真是鲜花插在牛粪上……”

……

“扑通——”王富根在轿前摔了个狗啃泥，又引来一阵笑声。

“王大公子，娶到这么一个大美人，你就欢喜得晕头转向了，哈哈哈！”一个轿夫说。

“起轿——打锣开道——车马行人，一律让轿——”

起轿了。轿里的新娘，哭成了一个泪人儿。一帘相隔，隔断了多少情与怨，外面迎亲和送亲的人，哪里知道新娘的悲愁与苦闷……

锣鼓唢呐，响声震天，长长的迎亲和送亲队伍，欢天喜地，这便是塘河古镇的婚嫁。花轿沿着老街石级，出了东水门，到了东码头，

上了披红挂彩的渡船,朝南码头驶去……

渡船已驶到河心。一个身穿红色对襟缎面棉袄的小姑娘,从家里冲出来,冲到石板街上,冲出东水门,冲到东码头,望着那艘朝南码头驶去的渡船,高喊:“姐姐——姐姐——”

五年前的那个冬天,那个叫冯鹰的姑娘,出嫁了。嫁给了一个比她大十几岁的叫王富根的智障男子,大家都叫他王憨包。那年,冯鹰二十五岁。

那个背新娘上轿的男子,叫袁佳辉,是冯鹰爸爸妈妈认的干儿子,那年,他三十岁。

那个在东码头大喊“姐姐”的女孩,是冯鹰的妹妹,名叫冯小茶,大家都叫她茶茶或小茶。按古镇婚嫁风俗,妹妹不能跟着送亲的队伍送姐姐到姐夫家。那年,冯小茶八岁。

还有那个被王富根抢糖吃的小男孩,叫陈大壮,虽然叫大壮,却是一个瘦小的男孩。那年,陈大壮五岁。

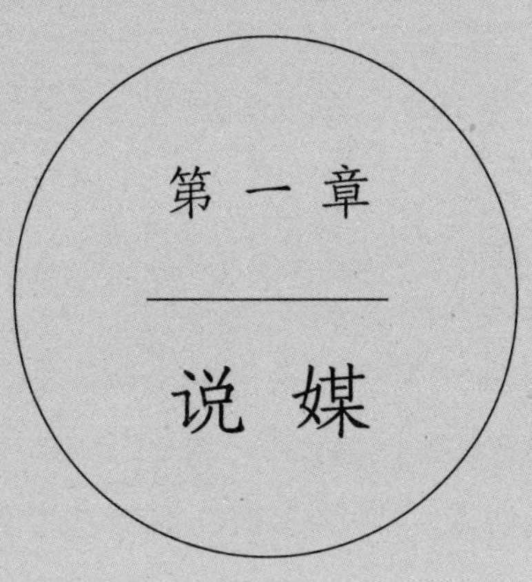

第一章

说媒

1

初夏。塘河古镇。

这里,一条青石板老街,两条青石板小巷,三道寨门,一条小河,守望着数幢古建筑:民居、寺庙、祠堂、会馆、庄园等。古镇建筑以青石为基,以砖木为墙,青砖黑瓦,奇檐斗拱,雕梁画栋,典雅古朴。

走在古镇的石板街上,触摸那一廊一门一窗……你会心生出手触包浆古物时的情怀。那些斑驳的沧桑、那些古旧的气息、那些远古的温热,就这样抚摸着你,包裹着你,让你沉醉其中,不能自拔。

塘河绕镇而过,绵延两岸的翠竹,在河里留下美丽的倒影。把镜头拉远一点,你能见到那些秀美的青山,在默默地守候着这一方古镇的同时,还生出几许神秘来。

塘河水呀清汪汪,
塘河妹子儿洗呀洗衣裳,
我撑竹排河里过,
见到妹子儿心呀心发慌。
……

周日的清晨。

缓缓流淌着的小河里,一个老者,撑着竹排,吼着歌,好不惬意。竹排上有两个竹篓,远远望去,不知道里面装的是什么,或许是刚从地里打起来的猪草,或许是准备拿到集市上去卖的新鲜蔬菜,或许是包塘河香粽用的粽叶(箬竹叶)……

塘河水呀清汪汪，
塘河的汉子撑呀撑船忙，
妹子儿你说要过河，
先给哥哥洗呀洗衣裳。
……

老者的竹排，在山歌中，渐渐远去。

这条小河，最缺不了的风景，便是竹排。看，那边，一排竹排慢悠悠地朝东码头这边漂来。竹排本没有人撑，它只是顺着水流，飘悠而来。

竹排上，坐着一个四十岁左右的中年男子，若不是他背着一个时尚的大背包，斜挎一块画板，手拿支架，他那头长头发那蓬长胡子，定会显得突兀。竹排上，还躺着一个十岁左右的小男孩，他双手垫在脑后，平躺在竹排上，望着晴空，仿佛在数着那些怡然自得的云朵。

男子支起支架，放好画板，拿出画笔、颜料、调色盘……一一摆好。显然，这是一位画家。然而，他并没有作画，只是望着远方。或许，谁也不知道他眼中的远方到底在哪里，他的眼神是空洞的，脸上也没什么表情，你无从跟踪他的思绪。

男孩仿佛躺够了，他起身来，从竹排上的那个布袋里掏出一只香粽，递给画家。画家接过香粽，看了看，找到棕叶丝捆绑的活结，轻轻一抽，便把捆绑粽子的棕叶丝给解开了。撕开粽叶，腊肉粽的香，扑鼻而来。然而，画家仿佛不为这腊肉粽香而动，他像完成男孩交给他的任务似的，轻轻地咬了一口腊肉粽，慢慢地嚼着，久久地嚼着，仿佛要把思绪嚼进这腊肉粽里，仿佛要把心中的那点儿情怀嚼出来。

画家继续望着远方，谁也不知道是哪里的远方。

男孩不知道是不是没有吃早饭，他解开粽子，先是闻了闻，再舔了一口，随后便大口大口地吃着，腊肉的香，瞬间便香进了他的心里。

画家的眼神，终于不再空洞。他的视线，在东水门那边。

一个小小的身影,从东水门出来。这是一个十三岁的女孩,剪着标准的童花头,齐眉刘海,两侧头发与耳垂齐平,略向内扣,让女孩的脸显得极为柔和,让女孩的性情显得极为温顺。女孩身穿一件对襟亚麻中袖衬衫,亚麻衬衫上那些别致而又低调的大团牡丹花,那些精致的盘扣,与这初夏的塘河水,相映相衬,格外协调。

女孩端着一个白色的瓷盆,盆里放着几件衣服,她顺着石级,一步步下到东码头。

东码头上,有几块大而平缓的洗衣石,从它们那光滑的表面可以看出,从古至今,不知道有多少洗衣槌在上面敲出过动听的洗衣谣,不知道有多少脚板在上面踩出过优美的旋律,不知道有多少衣服、多少被套在这里被一遍一遍地清洗,直至发白,直至破旧……这里,曾是古镇人洗衣服的好地方。

而今,家家户户都在家里安上了洗衣槽,他们要么用自来水,要么从山上引水进屋,要么凿井取用地下水……总之,人们都不大来东码头洗衣服了。

塘河水在召唤。洗衣石在召唤。

这样的古村落,怎能少了浣洗声?

来了。一个十三岁的女孩,穿着与古镇相宜的对襟衣衫,端着与古镇相宜的瓷盆,踩着与古镇相宜的青石板,来到古镇的东码头,浣洗衣服。

这所有的相宜,都走进了画家的眼中。他的眼神不再空洞,他的脸上有了表情,他拿起画笔,开始调颜料,开始勾勒……

女孩并不看河心的竹排一眼,只管专心地搓洗着自己的衣服。

不知不觉间,女孩的洗衣刷,随着一漾一漾的河水,渐渐地离女孩远去。等女孩回过头来要拿洗衣刷的时候,洗衣刷已经漂到了她够不着的地方。

竹排上那个瘦小的男孩,用手拍打着河面,他希望拍打出来的波浪,能把洗衣刷漾到女孩那里去。可是,那些波浪仿佛在和男孩作对,它们把洗衣刷漾得更远了。

女孩嘟着嘴,瞪着竹排上的男孩,有些生气的样子。

男孩连衣裤都没有脱,“扑通”一声,一头扎进了河里。河面上,不见了男孩的身影。不过,你可别担心,每个能在这条河里玩狗刨的孩子,都会在水下憋气,还能潜游很长一段距离,俗称“刹闷头”。

你看,男孩在离洗衣刷不远的地方,从水里探出头来,他用手抹了抹脸上的水,抓住洗衣刷,朝女孩这边游来。

女孩假装搓着衣服,假装没有看到男孩。男孩游到女孩身边,把洗衣刷放在洗衣石上,也假装没看见女孩,入水的时候,故意扑腾起很大的水花,那水花溅了女孩一脸一身。男孩假装不知道会有这样的后果,他像一条鱼儿一样,朝竹排游去。

女孩抹了抹头发上和脸上的水,冲着男孩远去的身影,撇了撇嘴,或许心里在埋怨着什么,但没有说出声儿来。女孩捡起洗衣刷,做出要朝男孩扔去的样子,但她终究还是没有扔出去。

男孩上了竹排,浑身在滴水。

画家脱下自己的T恤,递给男孩,示意他换下来。

男孩朝女孩这边望了望,见女孩没有看他,他迅速地脱掉湿透了的衣裤,把画家的T恤穿上。真好,这T恤够长,已没过男孩的膝盖，他不用担心会露出屁股蛋儿了。男孩把刚才脱下来的衣裤晾在斜撑着的竹篙上，衣服如一面独特的旗帜，在向塘河水讲述着刚才的英雄事迹。

那个洗衣服的女孩，是古镇“老茶坊”老茶家的外孙女儿，名叫冯小茶，十三岁，念初一，大家都叫她茶茶或小茶。

竹排上的男孩，是石龙门庄园陈天和家的儿子，叫陈大壮，十岁，念小学三年级。

至于那个画家，谁也不知道他从哪里来，到这里做什么，又要到哪里去，只知道他叫陈丹砚，只知道这些年来他时常来石龙门庄园住一段时间，走一走，看一看，画一画。画家的头发很长，胡子也很长，人们都叫他胡子画家，孩子们便叫他胡子叔叔。

2

茶茶端着装有干净衣服的白瓷盆，离开东码头，沿着青石板，一步一步往上走，往东水门走去。

进了东水门，便进到了塘河老街。再沿着青石板街往上走一小段，便到了茶茶的家。

茶茶家的屋檐上挂着的那块随风飘摇的幌子上，赫然写着一个字——茶。

老茶坊是古镇古老建筑中的一幢。光看那斑驳的外墙，便知这幢屋子所经历过的沧桑岁月。它没有新式洋房的光鲜，却有古旧朴实的内涵，那一门一窗，一檐一梁，都氤氲着让你品鉴让你回忆让你

老茶坊
茶
自酌說長說短自由天
來不請去不辭無束無拘方便地

浮想的气息。光是看那厚重的木门槛，你就能知晓屋内主人的分量。

院门两侧，有一副对联：

来不请去不辞无束无拘方便地

烟自抽茶自酌说长说短自由天

茶茶从木门槛迈进去。这里有一方小院，围墙也是青砖黑瓦，小院上方，或许是为了遮风避雨，中间搭架子盖了瓦，作为小院的顶。院里摆着数套竹制桌椅，竹桌上摆着茶具：壶、盖碗、公道杯、品茗杯……当然，还有那种发黄的粗土碗，以及已经磕碰得有些变形的搪瓷盅，让人一看便知喝茶人不是在细品，而是如喝酒般豪饮。

今天，小院里坐了好些人，那些竹桌椅一套也没有闲着。

茶茶进到小院来的时候，也没看小院里坐的到底是些什么人。外公曾对她说过："走路就走路，不要东张西望的，不该看的不要看，不该听的不要听。"

茶茶端着瓷盆，径直朝里屋走去。茶茶穿过摆有供桌、圈椅、茶桌、博古架等的大厅，沿着雕花楼梯，上了二楼。为了防潮，茶茶家人的卧室都在二楼。二楼的阳台四周，都是雕花木围栏，这些围栏围着一个稍大的天井。俯身望去，一楼的天井里，有一口古老的石缸，旁边有一个青石搭成的石桥墩，可以在上面洗菜洗衣服。但是，茶茶还是喜欢到河边去洗衣服，河水真是清啊，清得你天天都想拿衣服去那里洗。天井里，还养了许多花：芍药、兰花、百合花……这会儿，兰花正静静地开着，若不是那幽香沁人心脾，你定不会知道它已经开了，因为它是那么的小，开得那么低调。天井的地面以及屋

檐坎边上，都长满了青苔，因为潮湿，也因为少有人走动，青苔很滑，走起路来要格外小心。

茶茶把衣服重新拧了一次水，晾在阳台上。她倚着雕花栏杆，望着天井上那一方小小的天空发呆……

喝茶的小院里，还有一套与众不同的红木桌椅，精致的雕花，古旧的漆面，弥漫着低调的贵气。这套红木桌椅旁，通常只坐着一个人，他便是老茶坊的主人——老茶。老茶是茶茶的外公，名叫杨明德，一位九十余岁的老人，长长的白胡子里，不知道裹藏着多少久远的故事和人世的沧桑。

茶茶外公每天必做三件事：抽叶子烟，酌梅子酒，喝老鹰茶。这三件事，风吹不走，雷打不动。

此刻，茶茶外公正在裹着、搓着一根长长的叶子烟卷。这根叶子烟卷，可不像普通的叶子烟卷一样，最多就一两寸长，茶茶外公的这根叶子烟卷，至少也有五六寸长，或许你不会相信。是啊，通常的短烟斗，也就六七寸长，这烟卷总不至于和烟杆一样长吧，那样，吸起烟来，岂不显得滑稽？然而，茶茶外公的这根烟杆，应该有一米多长吧，到底有多长，谁也没有去量过，只是目测而已。

茶茶外公的烟杆，青铜头子，翡翠色的玉石烟嘴儿，烟嘴儿上还雕刻着荷叶鲤鱼图，中间的长杆是雕有龙凤的红木。这根烟杆，是茶茶外公的宝贝，他时常说："祖传的烟杆，千金不换。"

"老茶公，你这根烟杆，到底烧了多少叶子烟？"有茶客问。

"记不得喽。"茶茶外公说。

"你这根传家宝，将来传给哪个？"另一个茶客问。

“烧进棺材，陪我入土。”茶茶外公说。

“带进土里，可惜喽。送给王富根也可以。”

“那个王憨包，抽得起这样贵重的传家宝？”不知道是谁小声嘀咕了一句。

茶茶外公虽然年事已高，但还算耳聪目明，他说：“算了，算了，一代不管二代事，管他富也好，憨也好，能有口活命的饭吃就好……”

茶客们知道这事不能再议论下去，便开始找话题岔开。

“茶茶，点烟。”茶茶外公在小院里喊。

茶茶外公的声音很洪亮，他只要在小院里一喊，整幢房子的每一个角落里都能听得见他的声音。

这一次，茶茶仿佛没有听见外公在唤她，她依旧抬眼看天。

“鬼丫头，又溜出去了？”茶茶外公嘀咕道。

茶茶外公把叶子烟卷好后，塞进烟杆儿的青铜头子里，便喜欢叫家人给他点烟。那头点火，这头猛吸几口，叶子烟便点着了。

“老茶公，我来点。”一个茶客上前来，拿着打火机，开始给茶茶外公点烟。

“来一壶老茶水。”又添了一位茶客。

“自便。”茶茶外公在吐出一口烟圈后，大声说。

是的，来老茶坊喝茶的茶客，多数都是自便：自己到缸里舀已经烧好的老茶水，或自己泡一杯老茶，反正两元管够。

至于抽叶子烟的茶客们，烟叶都是自带，时常也会相互换着抽抽，一边抽一边谈论着谁家的烟叶好，谁家的价格公道，谁又卖了高

价，等等。茶茶外公会备一些烟叶，供大家自便。一些老茶客也会把自己觉得非常好的烟叶带来，送一些给茶茶外公，茶茶外公自然不会白收人家的东西，定会赠一壶老茶沙，表示谢意。

老茶，老茶沙，有什么区别吗？

老茶，就是老鹰茶。老鹰茶树，长于山中，自采自制，经济实惠，琥珀茶汤，清热解暑，隔夜不馊。老茶坊的老鹰茶，通常有两种做法：一种是清晨起来，把茶叶放锅里，煮一锅茶水，放进瓦缸中，饮用一天；一种是以个人的浓淡喜好，现冲现泡。老鹰茶的树枝也自有妙处，经水煮十来分钟，煮出深棕色茶汤，放一两天也同样可以饮用。

老茶沙，其实是老茶的另一种形态。经久的老茶，生出一种爱食老茶叶的虫来，虫子啃食老茶叶后，自会产生棕黑色的细小颗粒状虫便，像蚕沙般，称作茶沙。茶沙的清凉解暑作用比老茶更好，所以，老茶沙也就显得贵重起来。

“来一壶老茶沙。”好巧，这会儿，有茶客点了老茶沙。茶客的声调很高，高得连古镇老街上的青石板都能听得见。

来老茶坊喝茶的，多数是来这里混光阴的，他们一边喝着两元钱管够的茶水，一边摆（聊天、谈论）着陈芝麻烂谷子的往事，老茶沙，在他们眼中，算是奢侈品，偶尔喝一回，或者别人点了自己尝两口，便也知足。

“哟，陈天棒（天棒，指吊儿郎当的，行为不太正经、不务正业、游手好闲、好逸恶劳的人），发财了？听口气，财大气粗哦。”有人冲着刚进来要老茶沙的茶客说道。

“没发财，没发财，过过嘴瘾。”那个被称作陈天棒的人笑着说。

“肯定又是趁天棒嫂不在的时候，你悄悄地卖了一张水竹席，发横财了，哈哈哈……”有人笑道。

“你管人家哪里发的横财，喝得起老茶沙的，就是狠货色。”又有人笑道。

“在老地方，自便。”茶茶外公高声说。

那人取出一把壶，一边泡老茶沙，一边问：“老茶公，这老茶沙，涨价没有？”

茶茶外公喝了一口茶水，又抽了一口叶子烟，待嘴里的烟圈吐尽后，慢条斯理地说：“今天你发横财了，价钱自便。”

在价格上，那人当然不会自便，他听主人家的意思，就是没有涨价。他泡好一壶老茶沙，对众茶客说：“想喝的，自便。”

很好，一应自便。这是多么难得的民风。

这被称作陈天棒的人，到底是谁？

在塘河古镇有一个坐西向东的石龙门庄园，始建于清雍正时期，经过陈氏家族几代人修建完善，形成了有两重围墙、五道朝门以及十八个单体院落共约五百个房间的建筑群。精美雅致的雕刻，优美流畅的造型，色彩和谐的彩绘，让整个石龙门庄园显得端庄典雅，其艺术价值不言而喻。

石龙门庄园的一角，住着陈天棒一家。陈天棒，陈大壮的爸爸，本名陈天和，自称是修建石龙门庄园的陈氏家族的后代，然而并没有得到当地人的认可，许多人都认为他不过是个外来户，凑巧姓陈而已。这是一个自认为有贵族气息的男人，游手好闲，每天到镇上

喝喝老茶，饮饮高粱白酒和梅子酒，抽抽劣质卷烟，摆摆久远的龙门阵，偶尔兴致来了，也玩几把小牌。每当手里有几个钱在跳的时候，他便会在老茶坊里点老茶沙，据说这也是贵族气的表现。

大壮家的经济其实并不宽裕，主要靠大壮妈妈经营的"天和豆花饭"和打水竹席来维持一家三口的生活。然而，大壮爸爸却不甘贫困，他总是在人家看不起他的时候说："想当年，我们祖上，要多风光就有多风光，你小看不得……"

今天，大壮爸爸又来点老茶沙了，而且，还对小院里的茶客们说："想喝的，自便。"在他看来，这也是贵族气的表现。

通常，若是有人点老茶沙喝，茶茶外公会格外高兴。一高兴起来，茶茶外公便又开始摆那些久远的龙门阵，包括塘河古镇上的那些远古的传说。

"茶茶——"茶茶外公大声地喊着茶茶。

望着天井上的那一方天空发呆的茶茶，猛然听见外公在唤自己，以为外公又要点叶子烟了，便"噔噔噔"地下楼来，奔到小院里。

"来，听听《安安送米》。"茶茶外公说。

每当讲《安安送米》的故事时，只要茶茶在家，茶茶外公都会把茶茶叫来，让她认真地听这个故事，以至于茶茶都能背出这个故事来了。有一次，茶茶对外公说："外公，我可以不听了吗？我都能背了。"

"能背了管什么用？要把故事听明白，要知道哪些事不能做，哪些事该做，哪些事必须做……"茶茶外公用教训人的口气对茶茶说，"好的家风，我们要代代相传……"

后来，每当外公让她来听故事的时候，不管这故事她能不能讲，能不能背，她都不吭声，都做出一副听得非常认真的样子，直到外公讲完，请她离开。

“多年前，在现在的塘河王燕村住着姓姜的一家五口人……”茶茶外公开始讲《安安送米》的故事了，“……姜姑和嫂子不和，便在母亲面前说嫂子的不是，列了三条罪状：一、在后花园咒婆婆早死；二、自己悄悄地吃鸡肉，吃剩的倒在阴沟里，也不给婆婆吃；三、衣服太多，穿不完宁可烧掉，也不给婆婆穿……”

讲到这里，茶茶外公对茶茶说：“茶茶啊，这样的事情，万万不可做啊，百善孝为先……”

“嗯。”茶茶重重地点了一下头。茶茶知道，在这种时候，如果不让外公知道自己领悟得非常透彻的话，他会再回过头去把故事讲一遍，把故事中的道理再说一遍，直到他认为你听明白了为止。

茶茶外公是讲故事的高手，同样的故事，每讲一遍，他都会讲出不同的心得来，所以，你根本不用担心他会把一个老故事讲到他自己都厌倦。

外公把《安安送米》讲完了，也把故事中的道理分析完了，茶茶才像一只获得自由的小鸟一样，飞奔进屋。

茶茶来到一楼天井的水缸旁。水缸四壁的青苔，让缸里的水显得格外绿，也格外清，让人生出一种想要去摸一摸的欲望。茶茶俯下身来，看着自己照在水缸里的模样。突然间，茶茶仿佛看见缸底多了一张脸，是那个给她捡洗衣刷的陈大壮的脸，那是一张瘦削的、略显羞涩的脸。一想到这张脸，茶茶又忧虑起来，她想起了昨天……

昨天是周六,茶茶在楼上自己的房间里做作业,她听到了熟悉的歌声,从天井里飞上楼来:

老茶嫂啊我的亲嫂嫂,
你坐下来听我细细说。
今天我从你家门前过,
想起你家有个小丫头,
观花照水说要定亲事,
才能把那毛病给摆脱。
庄园那边的陈氏人家,
家底厚实自然不用说。
你家的丫头啊嫁过去,
保管吃喝穿戴不发愁。
……

茶茶看见那个天天吃了东家吃西家,天天走家串户的孙媒婆,正站在自家的天井里,扭着腰肢,眉飞色舞地唱着。

“孙媒婆,请坐,喝杯老茶。”茶茶外婆放下手里的活儿,礼节性地请孙媒婆入座,喝茶。

老茶嫂你家福来到,
你家平时烧了高香,
今日里才有姻缘到,
陈家那大壮人品好,
楼房瓦舍啊数不清,
金银财宝啊比山高。

老茶嫂我的亲嫂嫂，
今儿个你家福来到，
女大三那个抱金砖，
嫁到陈家千万个好。
……

孙媒婆的到来，让茶茶恐慌起来，她发现自己的手在颤抖，连字也写不出来了，莫非孙媒婆要给自己做媒，把自己嫁给陈大壮？莫非自己也要像姐姐一样，听从媒婆的安排，听从外婆的安排，嫁给自己不愿意嫁的人？我才十三岁，难道就要出嫁了吗？

那个陈大壮，看起来名字里有一个“大”字，其实就是一个瘦骨伶仃的小不点儿……茶茶一想到陈大壮那副瘦得不能再瘦的模样儿，心里便莫名其妙地别扭起来。

楼下，孙媒婆还在唱，她要把陈家夸得要多富有便有多富有，要把陈大壮夸得要人才有人才，要口才有口才，要多出息就有多出息……茶茶根本就听不下去了，她想到了姐姐。

茶茶的姐姐冯鹰，不折不扣地遗传了茶茶外婆的特质：长得漂亮，心灵手巧，知书达理，是乡里乡外都期待娶到的好媳妇。然而，命运总爱捉弄人，在茶茶姐姐十五岁读初二那年，油菜花开时节，她便患上了大家都非常忌讳的精神疾病，她整天疯跑，跑到油菜花田里去，把自己藏起来，或者在里面唱啊，跳啊……花谢了，茶茶姐姐的病也就好了。茶茶姐姐的病，每到油菜花开时节，便定时发作。因为这样，茶茶姐姐辍学了。从茶茶姐姐发病那年起，茶茶家的地里便不再种油菜了。一个精神病反复发作的女孩，谁家敢娶？就这

样，茶茶姐姐一直到二十五岁也没有出嫁。

茶茶突然又想到了鬼老头——古镇上的独居怪人，八十几岁，要么穿一身白，要么穿一身黑，白天不见人，总爱在傍晚或夜里突然出现在你的身后。鬼老头是古镇上的预言家，然而他只预言不好的事情，每当要发生不好的事情时，他总是在石板街上一边跑一边念："要出事，要出事……"

每年春天，油菜花开时节，茶茶姐姐都是在鬼老头一边跑一边念着"要出事，要出事"后的第二天精神病发作的。

一想到鬼老头，茶茶的后背就发凉。孙媒婆来了，是一件不好的事情吧？今天晚上，鬼老头会出现吗？好吧，今天晚上一定不能出去，一定不能碰见鬼老头，否则，明天不知道要发生什么怪事儿。茶茶甚至双手合十，祈祷鬼老头不要出现。

继续回忆姐姐吧。

在茶茶姐姐二十五岁那年，家里人找八字先生来算，说茶茶姐姐嫁一个王姓人家才好，年龄嘛，要小就小过三，要大就大过八……

孙媒婆是闻不得鱼腥的猫，在八字先生走后不久，她像嗅到了什么味儿一样，飞一般地来了。孙媒婆的到来，让茶茶外婆又喜又忧。喜的是应该有人看上茶茶姐姐了，忧的是那些好人家真的能看得上有精神疾病的姑娘吗？当年，茶茶虽然还小，但孙媒婆那唱词中的几句，茶茶却记得非常清楚：

我的嫂啊亲嫂嫂，
你家姑娘姻缘到，
南码头的王幺嫂，

看上你家姑娘了。
说起那个王富根，
是个忠厚老实人，
你家姑娘嫁过去，
吃饭穿衣不操心。
……

一听孙媒婆说起王富根，茶茶的心，便提到了嗓子眼儿，她真为姐姐担心啊：难道姐姐要嫁给王富根吗？要嫁给南码头那边村子里的那个大家都叫他王憨包的王富根吗？

“哎哟，老茶嫂，你太客气了，啊哈哈哈哈——”孙媒婆那夸张的笑声，让茶茶至今还浑身起鸡皮疙瘩。

3

中午，茶茶在睡午觉。

其实，这个午觉，茶茶睡得真不踏实，孙媒婆的身影老是在她脑子里闪过，耳边老是响起孙媒婆的笑声，还有那让她讨厌的唱腔与唱词。

“咣咣咣——”

小院里，不知道哪位茶客在拖动着外面的桌或椅，发出的响声，把迷糊中的茶茶给吓坏了。

这声音好熟悉啊！睡梦中的茶茶仿佛回到了去年冬天……

去年冬天，茶茶突发高烧，看了医生，吃了许多药，还用上了茶

茶外公的单方,但高烧就是不退。按古镇习俗,这样的情况得请观花婆来观花照水。

观花婆的年龄谁也说不准,有人说她九十多岁,有人说她有一百多岁了,总之,她就是一个年纪很大的老太婆。观花婆很忙,甚至比医院里的医生还忙,哪家小孩子发高烧说胡话了,哪家修房建屋后家里出现怪现象了,哪家的宝贝突然不见了,哪家的媳妇生不出孩子来了……但凡觉得是怪异的现象,人们都爱请观花婆来观花照水,驱邪治病。

茶茶外婆把观花婆请到了家里。观花婆终年穿着一身黑色布袍,一双黑底绣白花布鞋,下雨天也是这双布鞋,还不打伞,仿佛雨也不能把她淋湿。最为神奇的是,这么大年纪的人了,竟然满头黑发,平时,她用一根银簪把头发挽出一个发髻,观花照水的时候,扯掉发簪,头发便披散下来。

观花婆坐在茶茶家大厅的板凳上,一边摇着板凳,一边"咿咿呀呀"地咬牙切齿地念着大家都听不懂的词。别看她年纪很大,摇起板凳来,却显得很有力,那板凳在她的摇动下,"咣咣咣"地响着,那些胆小的孩子总会缩到大人的身后,或者干脆跑到远处躲起来,仿佛害怕观花婆会把他们送到另一个黑暗的世界去一样。

高烧中的茶茶,此刻被安置在大厅的沙发上,用棉被包裹着,她能断断续续地听明白观花婆的一些话,比如:老祖先,显神灵……我家小女来还魂……来给小女算生庚……要想不会乱精神,明年夏天定门亲……

"嗯,明年夏天,要定下一门亲事。"仿佛是茶茶外婆的声音。

一听要定下一门亲事,茶茶一个激灵,从沙发上坐了起来。

“呀,小茶醒了。”是茶茶姐姐的声音。茶茶姐姐轻轻地抚摸着茶茶的头,说:“躺着,别再受了凉。”

“不睡。”茶茶不想睡,也不敢睡,她害怕自己睡着了后,被观花婆定了亲,嫁了出去。

“观花婆真灵验,这么一说,小丫头就清醒了。”茶茶家对门“蓑衣斗笠铺”的老板娘说。

茶茶是被观花婆给吓清醒的。

“婆娘,我要瞌睡……婆娘,我要瞌睡……”被茶茶姐姐安置在楼上睡觉的王富根,不知什么时候醒来,找到这里来了,他拉着茶茶姐姐的手,反复说,“婆娘,我要瞌睡……”

茶茶姐姐只得起身来,拉着王富根往外走:“走,去找好吃的……”

茶茶姐姐拉着王富根,进厨房找吃的去了。这个时候,她只能用吃的哄住王富根,让他消停一下,不要闹,不要出笑话。

“唉,这么好的姑娘,嫁给王憨包,真是可惜了……”

“王憨包前世修来的福气。”

“姑娘好是好,有精神病……”

“王憨包家该请观花婆去观花照水,治治他的憨病。”

“早些年他们家经常请观花婆,说是天生的憨包,根本就治不好。”

……

挤在大厅门口看热闹的几个街坊,在小声地议论着茶茶姐姐和王富根。

躺在沙发上被棉衣裹得紧紧的茶茶,感觉全身冒着冷汗。茶茶不但被吓清醒了,甚至感到了一丝绝望,她不禁想起了当年的姐姐……

五年前,当茶茶茶姐姐听说要被嫁给王富根的时候,她不止一次在茶茶面前流着泪说:"茶茶,姐姐的生活是没指望了,你一定要好好的……"

姐姐要出嫁的前几天,茶茶从姐姐的眼睛里看到了绝望。那个时候,茶茶真担心姐姐想不开啊,她对姐姐说:"姐姐,不要怕,有什么事情就告诉我,我帮助你解决……"茶茶哪里知道,姐姐心中的苦,哪里是她能排解的啊!

茶茶还记得姐姐哭嫁时的那几句唱词:

北风寒,冰雪天,
鹰儿嫁到河对岸。
从此幸福擦肩过,
眼中便无好生活。
……

"从此幸福擦肩过,眼中便无好生活……"这是多么的无奈与绝望啊!

再想想姐夫王富根,那个智障姐夫,那个人人见了都想取笑一番的王憨包,每到一处,他都会给别人带去笑声,这笑声里,含着取乐与嘲弄。姐姐出嫁那天,王富根在轿前抢只有五岁的陈大壮的喜糖吃,还在轿前摔了个狗啃泥……

想到这些,茶茶除了为姐姐感到伤心,还替自己感到绝望。此刻的茶茶,内心很是恐慌:家里真的要给自己定亲了吗?我还这么小,真的要把我嫁了吗?到十五岁的时候,我也会像姐姐一样疯疯癫癫,在油菜花田里又唱又跳吗?……

“茶茶,该起床了,都睡颠倒了,再睡下去,晚上就睡不着了。”茶茶外婆在走廊上喊着茶茶。

茶茶醒来了,她在心里说:“感谢外婆,把我从迷糊的午觉中拉了回来。”

茶茶起床来,来到外婆的房间。茶茶外婆的房间里,有一间雕花牙床,牙床的床榻很宽,足够睡两个人。床榻的两头,各有一个柜子,里面装着茶茶外婆的宝贝们。

此时,茶茶外婆正坐在床沿上,整理着她的针线筐。

茶茶外婆是一个精致的老人,九十几岁,满头银发,用一根发簪盘一个发髻,精神矍铄。茶茶曾听外公说起过,外婆几岁的时候流落到古镇,孤苦伶仃,不知道自己的家在哪里,只知道自己姓刘,被茶茶外公家收为义女,后来,外公家觉得这个姑娘勤俭持家,便收为儿媳,称作杨刘氏。现在,大家喜欢叫她老茶婆婆或老茶嫂。茶茶外婆自嫁给外公后,便开始一手操持这个家,一直到现在。她是一个生活得很精致的人,生活很有规律,每天起床来,首先做四件事:梳头盘发髻,洗漱,坐在大厅的雕花圈椅上整理首饰(耳环、戒指、玉手镯),吃一碟生葵花子。每天早上给外婆摆一碟生葵花子,便成了茶茶必做的功课。外婆说,这样可以提醒茶茶不要睡懒觉,养成早睡早起的好习惯。

茶茶外婆心灵手巧,刺绣,纳千层底,做各式旗袍……在家里的

大厅里,有一个博古架,上面就摆放着茶茶外婆的手工作品,来古镇的游客们可以参观,也可以购买。不过,这些手工作品的价格都很贵,茶茶外婆说:“把自己喜欢的东西,卖给喜欢这些东西的人……东西遇上了合适的人,就是宝贝……”虽然昂贵了些,但还是有人喜欢,愿意把它们带回家,或是穿戴,或是收藏。

茶茶身上穿的各式衣衫,都是外婆做的。外婆总是会根据不同的季节做出不同的漂亮衣服,把茶茶打扮得漂漂亮亮。

这会儿,茶茶把下巴靠在外婆的膝盖上,看外婆整理针线笸。

“茶茶。”

“嗯。”

“针线笸要经常整理,”外婆说,“时间长了,这线那线的,缠在一起,打了结,就解不开了。”

“嗯。”

“茶茶，”外婆接着说，“来，帮外婆拆一下，这两种线都缠在一起了。”

外婆喜欢给茶茶讲这些生活上的事情，也时常让茶茶给她当帮手，和她一起处理一些小事情。茶茶便和外婆一起，把那些相互缠绕着打了结的线，慢慢地，一根一根地拆开，再挽回到各自的线团儿上。

“哟哟哟，张三嫂，你家姑娘都十三了，要不要我给她找一户好人家呀?”孙媒婆的声音，在石板街上响起。

茶茶听到孙媒婆的声音，心里很不高兴，便朝着窗外，重重地“哼”了一声，表示不喜欢。

外婆笑着说:“丫头啊，可别不高兴媒婆，没有她，多少好姻缘都联不上呢。”

“哼!”茶茶还是不高兴。

“丫头啊，”外婆说，“当年，你爸爸跑江湖到这里，我们家房子多，拿了一间屋给他住，也没有收他的房租，他在隔壁铁匠铺做工，要不是孙媒婆牵线，这桩好姻缘，可能就错过了。”

茶茶曾听别人说起过:爸爸冯大不知道是从哪里来的，一开始住在外婆家，后来就和妈妈成了亲。茶茶还听说:当年，爸爸在和妈妈成亲前，就知道妈妈有时候会精神失常，虽然不太严重，但毕竟也是精神病。然而，爸爸还是和妈妈成了亲，这一点，茶茶一直没弄明白:爸爸为什么不嫌弃妈妈呢？难道就是大家说的命中注定吗?

“丫头啊，”外婆继续说，“当年，正巧遇到你妈妈发病那几天，孙

媒婆从我这里经过，对我说：‘老茶嫂啊，你家姑娘是不是失心疯啊？如果定了亲，定了心，说不定就不再犯病了。’我当时想啊：‘谁会愿意娶呢？时不时疯疯癫癫……唉，这是哪辈子造的孽啊！’孙媒婆她还说：‘我看住在你家的冯大就不错，言语少，手脚勤快，和你家姑娘很般配啊……’”

茶茶外婆还唱起了孙媒婆当年说媒时唱的歌：

杨家姑娘是朵花，
冯家小伙粪一坨，
鲜花插在牛粪上，
一生笑笑又和和。
……

茶茶外婆唱完后，笑了笑，说：“这孙媒婆啊，还真是唱准了，你爸妈成家后，没有红过脸吵过架，更谈不上打架了。”

茶茶简单地回忆了一下，觉得外婆说的也没错，从她记事起，的确没见过爸爸妈妈吵过架。茶茶想：难道孙媒婆牵线的姻缘，都很好吗?

“茶茶啊，”外婆说，“姻缘天注定。你信吗?”

茶茶不知道该如何回答。

“我信。”茶茶外婆说，“当年，我孤苦伶仃地来到这里，你外公家收留了我。后来啊，我记得，也是媒婆上门来，牵了这根红线，搭了这座桥，我和你外公成亲了。这么多年来，我们这个家，和和美美的，多好！我真感谢当年的媒婆。”

茶茶外婆一个劲儿地感谢媒婆，茶茶却在心里一个劲儿地讨厌媒婆。

“茶茶,孙媒婆来过了,给你说了石龙门庄园的陈家,你满意吗?”

“不。”

“怎么不满意呢?”

“不知道。”

茶茶这么小,她除了说“不知道”,还能说什么呢?

茶茶把头靠在外婆的膝盖上,悄悄地流泪,她伤心,她害怕,甚至恐慌……

“丫头啊,”茶茶外婆苦口婆心地说,“婚姻大事,自古以来,就是‘父母之命,媒妁之言’,‘天上无云不成雨,地上无媒不成亲’,这些古话,我们一定要听。丫头啊,你想想,父母家人会害你吗?听父母家人的话,不会吃亏……”

“那,”茶茶想了想,说,“姐姐呢?”

“唉——”外婆叹了一口气,说,“鹰啊……那丫头,也是命苦……不过,她嫁给富根,也没有白嫁啊……”

茶茶知道外婆说的“没有白嫁”的意思。

当年,八字先生给茶茶姐姐算命,说她要找一户王姓人家,命运才会发生转变……孙媒婆简直是顺风耳,在八字先生测字的第二天,她就来家里说媒……后来,茶茶姐姐就嫁给了南码头那边的王富根。茶茶外婆说的“没有白嫁”,指的是当茶茶姐姐嫁到王家后,接连这些年的确再没有犯过病,王家也不缺吃穿用度,看起来过得还算美满。

“茶茶啊,嫁给王富根,就是你姐姐的命。”茶茶外婆说,“要是嫁

给别人,说不定还像以前一样,年年发病……”

外婆说的好像很对,但是,茶茶一想到王富根那样子,特别是想到他在迎亲那天在轿前摔个狗啃泥,想到他经常在众人面前拉着姐姐的手说“婆娘,我要瞌睡”,茶茶就感到别扭,甚至害怕。

“丫头啊,”茶茶外婆说,“媒婆自有媒婆的道理,众多姻缘都是媒婆在牵线搭桥,不也过得很幸福吗?”

然而,茶茶却在心里说:该死的媒婆,你再也不要来了……

傍晚时分,茶茶去帮卖菜的妈妈收拾菜摊。茶茶妈妈独自经营着一个菜摊,也很辛苦。

茶茶妈妈,五十余岁,名叫杨男,是一个力气大、手脚快、嗓门粗、做事像男人的女人,人们对她的称呼很多,有“男人婆”,有“妖精十八怪”等,最文雅的称呼是“冯大嫂”。当年,茶茶外婆生她的时候已经四十几岁,茶茶外公和外婆希望这个孩子像男儿一样能撑起这个家,便起了“杨男”这个名字。结果,茶茶妈妈还真对得起“杨男”这个名字,长得彪悍至极,她的力气,能胜过两个普通女人。茶茶妈妈喜欢在蓬乱的头发上扎两朵鲜艳的大花,一朵红,一朵绿,经常是满嘴脏话,时常叼一根短烟杆儿,悠闲地抽着叶子烟。

茶茶妈妈不爱在家里打理家务,她把家里那些家务称作鸡毛蒜皮的小事儿。她在小镇上摆了个菜摊,撑一把很大的太阳伞,风雨无阻,生意非常好,因为她为人大方,人缘好,人们都喜欢买她的菜。她把卖菜赚的钱全部交给茶茶外婆,只留下些许零钱来补给顾客。

茶茶妈妈偶尔会犯精神病,但都是几天后就好了。她发病的时候,也会到处乱跑,即便守在菜摊前,也是疯疯癫癫。所幸的是,前来买菜的大多是熟悉的人,他们会自己称菜自己付钱,也会有好心的生意人在空闲的时候帮她卖菜收钱。

茶茶在帮妈妈收菜摊的时候,又有一个中年妇女来买菜。称好了菜,算好了账,在补钱的时候,茶茶妈妈没有找到该补的一角钱,便捡了几根大葱给那个中年妇女,说:“这个至少要五角钱。”

可是,那个中年妇女在接过大葱后,又捡起一些小葱,说:“再来几根小葱吧,嘻嘻嘻……”

“好好好，下回再来照顾生意。生意不好做，饭都要吃不起了。”茶茶妈妈大声唠叨着。

等那个中年妇女走远后，茶茶妈妈一边收拾菜摊，一边嘀咕着：“狗日的龟儿子就想占便宜……”这是茶茶妈妈的口头禅，她虽然这么骂，但也并非真正责怪那些贪小便宜的人。她在骂这话的时候，嘴里照常叼着烟杆儿，骂完后，会猛抽几口，然后再慢慢地吐着烟圈儿。

每当骂过人之后，茶茶妈妈头上的两朵花似乎更加鲜艳了。

茶茶和妈妈一起收好了菜摊，便朝家里走去。

“茶茶，今天晚上吃什么菜?”

“外婆做的红苕粉粑回锅肉。”

“好吃。”

“嗯。”

“有点不高兴?”茶茶妈妈仿佛觉察出女儿不太开心。

“妈妈，孙媒婆又来了……”茶茶小声说。

“那个挨千刀的孙媒婆，一天到晚东家西家地窜，就知道骗钱骗礼骗姑娘。”茶茶妈妈骂道，“还是石龙门庄园的陈家对吧？陈家那么光鲜那么发财，她怎么不把自己嫁给那个小崽崽……”

听到妈妈说“她怎么不把自己嫁给那个小崽崽”，茶茶差点儿笑出声儿来。

“茶茶，你笑啥?”茶茶妈妈问。

“没有笑，我没有笑。”茶茶赶紧一本正经地回答妈妈。

“鬼丫头，古怪多。”茶茶妈妈笑骂道。

茶茶到底在笑什么呢？因为她想起了当年孙媒婆来家里给姐姐做媒的情景。

那日，孙媒婆又来家里说茶茶姐姐和王富根的婚事，与茶茶外婆闲聊后，刚走出老茶坊的门，便遇上了茶茶妈妈。

“孙媒婆啊，我有好事要告诉你。”茶茶妈妈拦在孙媒婆的面前，满脸堆笑地说。

孙媒婆是什么人？她能看不出茶茶妈妈脸上的意思？那笑，一定不是感谢她孙媒婆替她家女儿说媒，那一定是对她不满意才会有的表情。然而，孙媒婆却装傻，她也满脸堆笑地对茶茶妈妈说：“杨大妹子啊，你让一让，我要回家烧肥肠。”

“孙媒婆，我有好事给你说，走！”茶茶妈妈抓着孙媒婆的手，真如老鹰抓住小鸡一样，拖着孙媒婆，沿着青石板街往下走一小段路，便出了东水门。

“哎哎哎，去哪里？去哪里？”孙媒婆担心茶茶妈妈把她拖到东码头去，她大喊，“哎呀呀，大妹子哎，有话就在这里说，就在这里说。”

孙媒婆知道茶茶妈妈的厉害，如果茶茶妈妈不高兴了，把她丢进塘河水里，呛几口水，再捞上来，不是不可能的。

“好，就在这里，我唱首歌给你听。”把脸凑到孙媒婆面前，茶茶妈妈唱了起来：

孙媒婆啊孙妖婆，
你的姻缘又来到，
南码头的王幺嫂，

看上你这妖婆了，

她家那个王富根，

是个忠厚老实人，

你得赶紧嫁过去，

吃饭穿衣不操心。

……

茶茶妈妈在唱的时候，孙媒婆脸上的笑渐渐消失，那张老脸渐渐扭曲起来，扭曲得像一个老妖婆一样难看。然而，孙媒婆就是孙媒婆，她一生走了多少江湖踩过多少人家门槛，毕竟是个有江湖经验的老媒婆，她朝着天空翻了一个白眼，笑容马上又回到了她的脸上。然后，她又拿出平日里说媒时的那张笑脸，对茶茶妈妈说："杨家大妹子哎，你们家鹰儿生就是个吃饭穿衣不操心的命，能嫁王富根，是王幺嫂的福，是王富根的福，也是你老茶家的福……"

茶茶妈妈当然能听出孙媒婆的意思：有病的茶茶姐姐，能嫁给王富根，是她的福。

"王家这样好，你怎么不嫁给那个王憨包？"茶茶妈妈把嘴巴凑到孙媒婆的耳朵旁，咬牙切齿地说。茶茶妈妈在说这话的时候，不仅是咬牙切齿，更仿佛已经咬到了孙媒婆的耳朵一样，使劲儿地甩了甩脑袋，仿佛是在咬着耳朵甩着脑袋。不明就里的旁人，恐怕会替孙媒婆担心：耳朵被咬掉了没有？在茶茶妈妈甩脑袋的时候，她头上的那一红一绿两朵大花，也使劲儿地摇晃着，仿佛在为茶茶妈妈呐喊助威。

藏在东水门里侧（往老街的那一侧）偷看的茶茶简直想拍手称

快,她可不愿意姐姐嫁给那个王憨包。然而,茶茶只敢在心里为妈妈助威,她没敢说话,她怕外公外婆知道后又用那句老话来训她:“女儿家,要讲规矩。”

孙媒婆就是孙媒婆,她竟然还是没有生气,她点头哈腰地对茶茶妈妈说:“你看我一大把年纪,就是我想嫁给王憨……噢不,就是我想嫁给王富根,王幺嫂也不会同意啊。好了,你的话说完了,我要回家了。”

孙媒婆进了东水门,走到老茶坊门前,大声地喊道:“老茶嫂哎,杨家大妹子哎,你们家鹰儿和南码头王幺嫂家王富根的婚事,就这么说定了哟,啊哈哈哈哈——鹰儿嫁给王富根,吃饭穿衣不操心,啊哈哈哈哈——”

孙媒婆这么一喊,街坊邻居们都听到了,老茶坊隔壁“张打铁”铁匠铺里的老板娘把脑袋伸出来,尖声儿尖气地说:“哟,鹰儿的婚事,这么快就定了呀……”

孙媒婆一步三扭地走了。

茶茶妈妈脱下一只拖鞋来,朝孙媒婆扔去,嘴里骂了一句:“老子臭死你!”

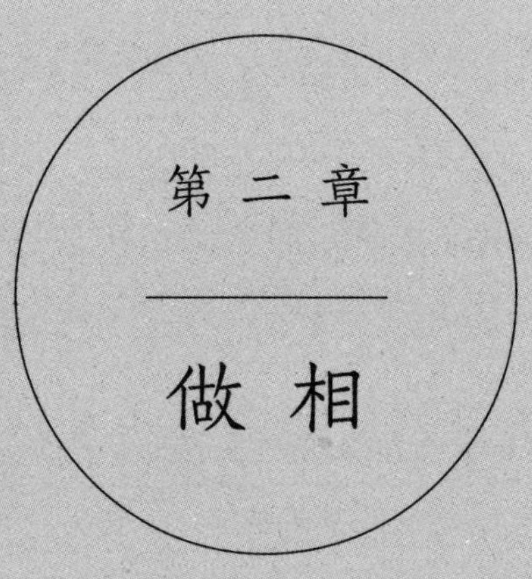

第二章

做相

1

古镇的端午节，从来都是热闹非凡的。

节前，除了各家各户都在准备过节的粽子外，最为紧张忙碌的应该是龙舟队。修龙，饰龙，试水，是每年龙舟赛前不可或缺的工序。

每年修龙舟和装饰龙舟的活儿，都非赵剃头莫属，通常是由他来负责召集几个人，把这件事情做好。赵剃头六十余岁，是古镇上剃头的一把好手，平日里，赵剃头都是在自家的"赵剃头"店铺里，守株待兔一般，等着镇里镇外的人们来剃头。这些顾客中，有剃平头的，有剃光头的，有给婴儿剃胎发的……顾客要求怎么剃，赵剃头便怎么剃，只见那剃头剪在头上轻快地游走，那"咔嚓咔嚓"的声音，像唱歌一样。

赵剃头的手艺好，收费也公道，镇里镇外的人都喜欢来他这里剃头，以至于他总是快乐地忙碌着。

修龙舟和装饰龙舟都需要一笔钱，每年端午节前，赵剃头便会贴出募捐通知，然后拿着募捐箱，沿着青石板街，请大家捐款。这捐款，不规定捐多少，多少钱都是心意。今年，赵剃头来到"张打铁"铁匠铺的时候，张打铁正在屋里忙活，打铁嫂把赵剃头挡在了门外。

"哟，赵剃头，不在家里剃头赚钱，到我这里要钱来了？"打铁嫂尖声儿尖气地说，眼睛并不看赵剃头，只是看着自己正在清理的一堆旧衣服。

“打铁嫂,不是我要钱,是龙舟赛要钱。”赵剃头笑着说,“三元五元,十元八元,都是个心意。”

“哟嗬,三元五元,十元八元,不叫钱啊?我卖一把火钳,才赚几角钱呀,你这一出口就十元八元地要,要得真是容易。”打铁嫂这张嘴啊,真是厉害。

打铁嫂是铁匠铺的老板娘,本名叫沈安英,大家都叫她打铁嫂,生意算得精,得理不饶人。

“打铁嫂,行个好,多捐钱,少说话,明年生个胖娃娃。”赵剃头像唱歌一样说。

一听这话,打铁嫂的脸色便不好看了,她把一件破旧衣服使劲儿地扔到赵剃头身上,说:“要钱没钱,要命有一条!”说完,便扭头进屋去了。

打铁嫂一直忌讳人家说孩子的事。这些年,她一直想要个孩子,可是,她怀一个便流掉一个。都四十岁的人了,还没有个孩子带在身边,她能不着急吗?她也曾请观花婆来观花照水,观花婆说,她曾经把一个尖锐的东西扔到了不该扔的地方,正好刺中她的胎位,如果能把那东西找回来,就能顺利地生孩子……打铁嫂自然记得自己曾经做过的那件非常狠毒的事:她把一把铁砧扔进了陈天和家刚犁过的水田里,并且狠狠地说:“刺死那个自以为有钱的陈天棒……”打铁嫂就是看不惯陈天和那副贵族样,整天游手好闲,总是拿祖上的荣耀来炫耀,而且还不知道是不是他的祖上。打铁嫂没有想到,这根铁砧,不但没有害到陈天和,反而让自己遭了殃。她曾多次在傍晚或天还没亮的时候去田里摸那根铁砧,但就是没有

摸到。

有一回,傍晚时分,打铁嫂正在陈天和的水田里,东摸一下西摸一下的时候,陈天和正巧经过,他大声说:“这是哪家的媳妇,不在自家屋里煮饭吃,跑到我的水田里来捞碗泥巴回去当稀饭?”

见陈天和站在田埂上,打铁嫂准备起来离开。陈天和又说:“我这水田,前两天还耙得平平整整的,你要把你踩出来的脚板洞给我弄平整,我才让你走。”

陈天和分明是在为难打铁嫂,他就是看不惯打铁嫂那副“无理争三分,得理不饶人”的德行。

打铁嫂也不是好惹的,她原本都快要上田埂了,却又退回去,在水田里走了一圈,才爬到田埂上来,说:“陈天棒,我又给你踩了一圈洞出来,你敢把我怎么样?”

陈天棒竟然笑了,他说:“我不敢把你怎么样,你像牛一样帮我犁了一回田,我可没有工钱付给你。”

陈天和说完便走了,留下打铁嫂在那里咬牙切齿。

当然,如果陈天和知道打铁嫂把铁砧扔进了他的水田里,他肯定不会这么轻易地走开。

又回到赵剃头募捐这件事情上来吧。打铁嫂不缺这点零钱,但她就是不愿意把钱白白地捐出来,再加上赵剃头哪壶不开提哪壶,她当然是极其不高兴了。

铁匠铺里打铁的几个人,虽然都在忙各自手上的活儿,但都在认真地听着赵剃头和打铁嫂的对话。张打铁放下手中的活儿,从湿透了的裤子口袋里掏出二十元,拿过来递给了赵剃头,说:“老哥,你不要跟她一般见识。”

“好男不跟女斗,哈哈哈!”赵剃头笑着说。

随即,在铁匠铺里忙的几位帮工,都从被汗水湿了的口袋里掏出零钱来,塞进了募捐箱里。

这时候,在铁匠铺里打铁的茶茶爸爸把挥着的铁锤停了停,对赵剃头说:“老哥,我和佳辉也要捐钱,你到隔壁我们家里拿,还有佳辉那一份。”

茶茶爸爸整天跟炉火、铁块、铁锤等打交道,口袋里有钱才是稀罕事。茶茶爸爸身边还有一个壮小伙子,叫袁佳辉,今年三十五岁,还未成家,茶茶姐姐出嫁的时候,就是他背着茶茶姐姐上轿的。多年以前,袁佳辉家在河对面,父母双亡,他和他的婆(奶奶)生活在一起。当年,茶茶妈妈结婚三年不见怀孕,便按八字先生的说法,认了袁佳辉为干儿子,说叫压长,有了这个干儿子,自己的孩子便来得快。袁佳辉长大后,便和茶茶爸爸一起在铁匠铺做活儿,以前,他每天早出晚归,后来,在茶茶姐姐出嫁的第二年,袁佳辉的婆离世了,家里的房屋也在暴雨中垮塌,经过茶茶一家的劝说,他便住到了茶茶家。袁佳辉除了勤劳,还很懂事,他每个月的那点微薄的工资,也总是交给茶茶外婆,说是给家里当生活费。当然,茶茶外婆也没有用这些钱,说是存起来,将来给袁佳辉娶媳妇用。

赵剃头来到“老茶坊”,茶茶外公外婆塞进募捐箱里的钱,在古镇上来说,不敢说是最多的,但一定不会少。茶茶外婆经常对茶茶说:“手头宽裕的时候,就不要太抠门。有人总觉得捐钱是吃亏,就算是吃亏,吃点儿小亏又有什么关系呢?一个一点点小亏都不愿意

吃的人,将来注定要吃大亏……”

接着说修整龙舟和装饰龙舟吧。

平日里,龙舟不用的时候,都存放在清源宫里,那里空间大,适合存放。修龙舟的时候,赵剃头会把他剃头的行当,全部搬到清源宫里去,赵剃头可以一边剃头一边修龙舟。其实,龙舟年年都在修,也不会有太多修整的地方,只不过要好好地检查一下,趁机修修补补,再用桐油把舟身漆一遍,漆过桐油的龙舟,才能更好地防水防腐。赵剃头在给龙舟刷桐油的时候,用的是质地极好极软的毛刷。有人和赵剃头开玩笑说:“赵剃头,你这毛刷,这么软和,是不是用你媳妇的头发做的呀？给我刷刷脸吧,肯定比毛巾还舒服……”

“哈哈哈……”赵剃头总是笑而不答。

给龙舟刷桐油,当然马虎不得,如果用棕毛刷,或是棉布刷,刷出来的表面不够均匀,有时候还会起球或残留一些碎粒,用手一摸,手感绝对不好。

赵剃头在修理龙舟的时候,如果有顾客来剃头,他会一边做手上的活儿,一边和顾客聊天,聊啊聊,一直聊到顾客等不及了不耐烦了,他才放下手上的活儿,去给人家剃头,还一边剃一边说:“时候挑得不对啊,修龙舟肯定比剃头重要,那可耽搁不得……”

若是遇上赵剃头在上桐油,不管谁来,他都不会放下手里的活儿给你剃头,用他的话来说:“就是天王老子来,也不剃。何况,人家天王老子在天上看着,知道我在忙大事,也不会这个时候来剃头,哈哈哈!”

龙舟经过赵剃头修整一番过后,在赛龙舟那天,大家才能信心百倍地努力，争取拿个头彩。所以，赵剃头在做这件事情时，总是心怀憧憬的，总是一丝不苟的。

龙舟修整得差不多了，赵剃头左看右看，前看后看，都非常满意。

装饰龙舟也是一件非常重要的事情。每年来装饰龙舟的，除了赵剃头，还有“杨氏咸菜”里的杨家父子、“吕氏苞谷泡儿”里的吕幺公等，另外，也可能随时有人过来帮忙，跑路买一买材料，帮忙递一递工具，或是学着画一画，抹一抹，都希望将来能成为装饰龙舟的主干力量。装饰龙舟，可不是简单的活儿，这些人不仅要有绘画功底，还要懂得颜色搭配，这样装饰出来的龙舟才足够漂亮足够气派。

经过一些天的忙碌，粉饰一新的龙舟，便出现在大家的眼前。在龙舟赛前，古镇都要组织一次龙舟试水，一来让选手们熟悉一下技术要领，二来试一试修整装饰过的龙舟的性能，这样才能做到心中有数，为决战龙舟赛做好充分的准备。

古镇的龙舟试水，也是要选吉日的。八字先生不用谁去请，他自会把测好的吉日给龙舟赛组委会送来。这一天，正好是周末，男女老幼都像过节一样，观看龙舟队把漂亮的龙舟从清源宫请到东码头，观看参加赛龙舟的勇士们试水。

“啧啧啧——今年这龙舟翻新得好啊！”

“赵剃头那一帮子人，真是没有白忙活。”

“一看这龙舟，就知道今年肯定还是要拿头彩。”

“不拿头彩，都对不起这么漂亮大气的龙舟。”

……

大家称赞着龙舟的漂亮的同时,也在期待试水的精彩。

试水的勇士们,正在整理自己的衣装:黄绸缎汗衫加短裤,头扎红绸缎头帕,个个都是一副英勇善战的派头。

德高望重的龙总(总指挥)正在给勇士们训话:“塘河古镇的赛龙勇士们,一定要记住我们老先人的古训:‘宁荒一季田,不输一回船。’大家劲儿往一处使,心往一处想,一定会取得最后的胜利……”

“呀呀呀,不得了了,那小家伙真是胆大包天啊!”有人大声喊了起来。

“是陈天棒家的小崽崽儿,竟然把龙舟给划走了,看不出这瘦骨伶仃的小崽崽儿还有这力气。”

“陈天棒,你看你家小狗崽,这么能干,真是给你的祖上增光了哟。”

……

众人转身一看,陈大壮真的划着龙舟离了岸,正在奋力朝河心划去。

“停停停——大壮,你个死崽儿,看我不收拾你!”一向不务正业吊儿郎当的大壮爸爸陈天和,竟然也把龙舟赛看得很重要,在儿子和龙舟面前,他竟然选择责骂宝贝儿子。

在大壮爸爸骂陈大壮的时候,袁佳辉已经扑进水中,游了一段,爬上龙舟,和陈大壮说了几句话,陈大壮便把桨递给了袁佳辉。袁佳辉把龙舟划了回来。

“看我不收拾你!”大壮爸爸咬牙切齿地,准备去捉陈大壮。哪知陈大壮像一条泥鳅似的,从他手中滑掉,飞快地跑了。

大壮爸爸当然不会放过陈大壮，他气势汹汹地追了上去，在他看来，在这样的场合做这样的事，简直是在给他脸上抹黑，尤其是在给他一直引以为豪的祖上抹黑。

陈大壮沿着青石板路，飞快地跑进东水门，担心被爸爸逮住，又飞快地钻进了开着门的“老字号米酒”店铺。

陈大壮刚才偷偷划龙舟的场景，刚好被趴在窗前看热闹的茶茶看见。那一刻，茶茶觉得陈大壮好酷哦。刚才陈大壮跑进“老字号米酒”店铺的那一幕，也刚好被茶茶看到。

大壮爸爸进了东水门，往老街一看，没有看见陈大壮的影子。他来到茶茶家门口，往里面问了一句：“老茶公，老茶婆，有没有看见我们家大壮啊？”

“是天和吧？大壮没有在我们家，你进来歇歇，喝口老茶再去找吧。”茶茶外婆在大厅里回话。

“不用了，谢过老茶婆。”大壮爸爸说完，沿着石板街，找陈大壮去了。

陈大壮躲在“老字号米酒”店铺里，大壮爸爸当然找不到他。店铺的主人都跑到东码头看龙舟试水去了，陈大壮自然就不用害怕被主人家揭发。“老字号米酒”店铺里的酒，可真是多啊！各种各样的酒罐，摆满了店铺里的大小陈列架，并且，每一个罐都显得很精致，让你一看到它们就有打开罐来尝一口的欲望。

陈大壮当然也想尝尝米酒。平时，爸妈总是只让他尝一小口，说小孩子喝多了不好。其实，在大壮心里，那米酒真是有着说不出来的香啊，香得他真想“咕咚咕咚”地喝个够。现在，这么多的米酒

摆在他面前,米酒的主人又不在,是不是可以喝个够了呢?

陈大壮打开一罐米酒,不管三七二十一,“咕咚咕咚”地喝了起来。这米酒真是香甜啊!陈大壮简直不愿意停下来,他根本没想到米酒的后劲很足,足得能够让他醉倒在“老字号米酒”店铺里。

茶茶悄悄地来到“老字号米酒”店铺门前,她蹑手蹑脚地走进去,正好看见陈大壮在偷喝米酒。

“哦,要醉。”茶茶心里这样想,但没有说出来。

陈大壮喝了米酒后,渐渐觉得头重脚轻起来。他起身来,想要离开店铺,想要回家,但他就是没有走路的力气。陈大壮在店铺里高一脚矮一脚地走着,一不小心撞到了陈列架,只听“哗啦啦”一阵响,陈列架上的酒罐,被他撞了几个到地上来,那些米酒,流了一地。

天啊,陈大壮闯祸了。茶茶的心,都提到了嗓子眼儿。陈大壮仿佛还没明白自己闯祸了,继续在店铺里东倒西歪地走着,也许是

在找走出店铺的门。

“怎么办?”茶茶问自己。

在茶茶的心目中,陈大壮也不是个坏孩子,只不过她不愿意与他定亲而已。茶茶想:如果我不救他,他肯定要被店铺老板发现,他回家肯定要挨板子……

茶茶左右看了看,老街上的人们大概都去看龙舟试水去了,应该没有人看见自己,她便走进“老字号米酒”店铺,扶着陈大壮,朝外面走去……

茶茶不敢把陈大壮扶回家,那样的话,陈大壮撞坏了人家酒罐的事情,一定会败露。茶茶想了想,扶着陈大壮,朝最近的王爷庙走去。

陈大壮醉了。他笑嘻嘻地问茶茶:“茶茶……姐,龙舟……赛……拿到……冠……军了……没有啊?好热……想下河……洗……澡,水呢?”

“你喝醉了。”茶茶说,“你把人家的酒罐都打翻了,你不要出声,当心挨揍。”茶茶说,“你好好躺着,不准动啊,我回去给你拿点蜂蜜水来解酒。”

以前,茶茶听外公说过,蜂蜜水可以解酒,这回可算是派上用场了。

茶茶跑回家,找出一个矿泉水瓶来,快速地兑着一瓶蜂蜜水。

“茶茶,跑哪儿去了?渴了?”茶茶外婆在楼上问。

“嗯,渴。”茶茶急忙应答道。

“天热,不要乱跑。”外婆说。

“嗯。”茶茶小声应着，心里着实虚，害怕被外婆看出什么来。

茶茶蹑手蹑脚地出了大厅，出了院子。幸好，今天东码头龙舟试水，茶茶外公和茶客们都到那里看热闹去了，否则，她可不敢这么进进出出的，多惹眼啊。

等茶茶来到王爷庙的时候，陈大壮不见了。茶茶找啊找，怎么也找不到陈大壮。

陈大壮到哪里去了呢？天啊，他不会跑到河边看热闹去了吧？这个想法，把茶茶自己给吓坏了。喝醉了酒的陈大壮，要是朝河边去，那是一件多么危险的事情啊……茶茶不敢再想下去，她转身就往王爷庙外面跑，他要到庙外去寻找陈大壮。

“嘿——”

天啊，是谁抓住了茶茶的裤腿？绊得茶茶摔了一跤。

原来是陈大壮，他躲在一块大石头后面，路过的人还真不容易把他看到。茶茶起身来，把蜂蜜水递给他，说：“喝，解酒。”

“嗯，喝……酒。”陈大壮显然是醉了，他接过蜂蜜水，把它当成米酒，继续喝。

陈大壮喝了蜂蜜水，便迷迷糊糊地睡着了。望着满脸通红的陈大壮，茶茶想：该怎么办呢？就让他在这里躺着？那可不行，万一他老是醒不过来呢？万一他喝多了出点什么事呢？把他交给他爸处置？以大壮爸爸的性格，陈大壮不仅要挨一顿狠揍，还会被交给“老字号米酒”店铺的老板，如果老板不放过他的话，说不定还会被拿到老街上去惩罚，各家各户都会出来看他的笑话……

怎么办呢？

“好你个狗崽子,跑到这里来,让我好找!”

正当茶茶不知道该怎么办的时候,大壮爸爸找来了。他好像没有看见茶茶在这里一样,拧起陈大壮的衣领,像老鹰抓小鸡一样,把陈大壮给拧走了。是啊,陈大壮太瘦了,在高大的大壮爸爸面前,他就是一只小鸡,一只喝醉了酒连反抗的力气都没有的小鸡。

茶茶回了家,她的神情,像一只傻掉了的小鸡。

“茶茶,哪里不舒服?”茶茶外婆看出了茶茶的不对劲。

“没有。”茶茶低声说。

“到东码头去了吧?怕是中暑了,去用凉水冲一杯蜂蜜水来喝吧。”外婆说。

外婆说的凉水,是指自家井里打上来的地下水,冬暖夏凉。

“嗯。”茶茶说完,便取凉水冲蜂蜜水去了。她不想让外婆知道陈大壮打翻了人家的酒罐的事,也不想让外婆知道自己扶陈大壮到王爷庙去躲避,以及自己给陈大壮送蜂蜜水的事。

陈大壮当然没有逃过他应该得到的惩罚,大壮爸爸在赔了“老字号米酒”店铺酒钱后,还把陈大壮狠狠地揍了一顿,疼得让他永远记住:不要随便进人家的店铺,不要这样喝酒,损坏了人家的东西不能逃避,要照价赔偿……大壮爸爸还带着陈大壮到“老字号米酒”店铺去给老板道歉。

茶茶心里藏不住事,她把这件事情告诉给了外婆。茶茶外婆对茶茶说:“做人啊,就得诚实。如果是你撞坏了人家的酒罐,洒了人家的酒,我也会带你去给人家道歉,也会赔偿人家的损失……”

2

端午节的头一晚，茶茶一家围坐在大厅里包粽子。

糯米、腊肉丁、粽叶、棕叶丝，这些都是茶茶外婆提前备好的，一家人围在一起，与其说是包粽子，不如说是享受温馨美满的家庭幸福。从茶茶外婆准备的食材来看，这次主要是包白粽和腊肉粽。

包粽子既是一门技术，也是一门艺术。说它是一门技术，是因为如果不掌握好方法，就包不出像样的粽子来。茶茶外婆最爱包四角粽，所以家人基本都采用这种包法。

茶茶外婆把一张棕叶撕成无数棕叶丝，叶柄处保留不被撕掉，这些棕叶丝的宽窄，正好能捆好一个粽子。当然这一张一张撕散过的棕叶丝，事前是用水泡过的，泡软后，才有韧性，在捆绑粽子的时候才不会断。

拿两张粽叶，把它们的叶柄和叶尖一正一反叠在一起，卷成一个漏斗形状，在里面放泡好的糯米，如果要包腊肉粽的话，还要在里面放一些腊肉丁，然后抓紧已经放好了食材的漏斗，把剩下的叶子盖住漏斗口，漏斗口处便形成了一个三角形，加上刚才的漏斗底部的尖角，就有四个角了。接下来，在捏住装满食材的漏斗的左手不放松的情况下，右手拿起一丝棕叶丝，按规定的线路走，把四角的漏斗缠起来，最后打上一个活结，一个四角粽就算包好了。

如果能顺利地把刚才的程序完成，仅仅算一门技术。这门技术也不那么好学，茶茶最初学包粽子的时候，一开始还觉得自己包得不错，可一旦粽子煮熟出锅，一家人都知道哪几个粽子是茶茶包的，因为它们要么奇形怪状，要么就是被煮散了。

为什么说包粽子还是一门艺术呢？这就和刚才说的“奇形怪状”有关了。关于包粽子的艺术，不单是指一个人包出来的粽子的大小是否一致，也不单是指四角的美观程度，还要看棕叶丝走过整个粽身的流畅与美的程度，就像素描时画一张脸，从轮廓就或多或少能看出画者的功底。

“这鬼东西，不好裹也不好捆。”茶茶妈妈嘟哝着。

瞧，这会儿，茶茶妈妈正往三角形的粽叶漏斗里放糯米，一勺下去觉得少了点儿，再添一勺又觉得多了点儿。

“男，包了这么多年粽子，你还是没卡准到底要放多少糯米。”茶茶外婆轻言细语地说，语气里并没有半点责怪。

“我上辈子和粽子有仇。”茶茶妈妈一边说，一边用力缠着棕叶丝。

茶茶妈妈缠好一个粽子后，自个儿把它打量了一番，又嘀咕起来：“包得好看不好看，你们都不要吼我，你们都不吃长得难看的粽子，我自己吃。”

“男，你的确是和粽子有仇，把它们包得那么难看，然后，一口气还能吃那么多。”茶茶外婆说这话的时候，看似脸上没有表情，但眼睛里明显含着爱意。

“嘻嘻嘻——”茶茶忍不住，笑了起来。

“茶茶，你可别跟你妈妈学，这么多年来，女儿家该做的活儿，她就没学会几样。”茶茶外婆说。

“没关系，妈妈不爱做的活儿，我来替她做。”茶茶对外婆说完了这句，又对妈妈说，“妈妈，你到一边歇息去，我来包漂亮粽子给你吃。”

“男，你好福气啊，养了这么个巧手的丫头。”茶茶外婆说。

现在的茶茶，可真是包粽子的好手了，她的动作很麻利，可以和外婆有一比了。这会儿，她正和袁佳辉比赛呢。

“佳辉哥，我们来比一比，看谁包得快，包得好看。”茶茶说。

“好。”佳辉哥哥接受挑战。

茶茶的速度很快，袁佳辉也不慢。不过，到最后捆棕叶丝的时候，袁佳辉似乎放慢了一点速度。最后，茶茶取得胜利。

“耶！我胜利了。”茶茶开心地说。

“嗯，明天你多吃几个粽子。”袁佳辉笑着说。

“多吃几个,当心撑破了肚皮。”茶茶外公笑着说。

“嘿嘿,不怕不怕,最多撑傻。”茶茶说。

“笨,你佳辉哥是让着你,你以为他真的比不过你呀?”茶茶外婆说。

“哼,外婆不要点破天机嘛,我当然知道佳辉哥在让着我。可是,您老人家就不能让我高兴高兴吗?”茶茶假装生气。

“我是真比不过你。”袁佳辉对茶茶说。

“佳辉哥,今天你算是失败了,不过,明天的龙舟赛,我相信你们一定能得冠军。”茶茶说。

“那是当然。”茶茶外公说,“我们塘河的男儿,自古以来都是最有骨气最努力的。”

“外公放心,我们都会努力,塘河男儿,永远是雄起的。”袁佳辉说。

“要不是你们这些人重男轻女,我都想去划龙舟,我的力气,不比那些人差。”茶茶妈妈说。

茶茶妈妈这句话,年年龙舟赛前都会说一回。

“唉,你就该生个男儿身。”茶茶外婆总是这么说。

“错过了时辰,投错了胎。”茶茶外公总是这么说。

……

这个晚上,茶茶家包了许多粽子。塘河香粽可是远近闻名的美食,节前节后,都会有不少游客买了粽子带回家,和亲朋好友分享。茶茶家每年端午节都要包许多粽子,自己家人吃一小部分,更多的是拿到龙舟赛现场去,给参赛的勇士们吃,给热心的啦啦队员们吃,

给喜欢吃塘河香粽的人们吃……

五月五，赛龙舟。

端午节那天，塘河古镇的码头上，热闹非凡。举目望去，塘河边上，不管是码头还是堤坝边，都挤满了人，还有一些胆儿大的爬到了大树上，真可以称得上人山人海，大家都在等待着激动人心的时刻的到来。各地赶来参加龙舟赛的队伍，齐聚塘河，勇士们个个都精神抖擞，摩拳擦掌，整装待发。那一条条装扮一新的龙舟，像一条条飞龙，从天而降，停驻在塘河码头，等待着勇士们擂鼓，划桨，呐喊，冲线……

茶茶爸爸、袁佳辉、张打铁等既有力量又有经验的老队员，今年依旧是龙舟赛的主力队员，他们早早地来到码头，着好战装，个个雄姿英发。

茶茶姐姐也来了，她是追着王富根来的。王富根虽然一副憨样，但哪里有好吃的，哪里有热闹看，他都搞得一清二楚，这么热闹的龙舟赛，他能不知道吗？对茶茶姐姐来说，她并不希望王富根来这样的地方凑热闹，因为她知道王富根的性子，越是热闹的地方，他越是容易犯糊涂，越是容易做些让人意想不到的傻事，闹些让人啼笑皆非的笑话。然而，今天早上还在吃早饭的时候，王富根听见外面有人在喊："快点，快点，龙舟赛要开始了。"他哪里听得这样的话？放下还没有吃完的早饭，朝外面跑去。

若是平时，王富根走路都走不稳，走一小段就可能会摔倒一次。但今天，他一路小跑，竟然极少摔倒，倒是茶茶姐姐累得"哼哧哼哧"的，一路担心他摔倒，磕到石头上，或者是掉进水里。

见到这么多龙舟，王富根特别兴奋，他大叫着，手舞足蹈地朝那些龙舟扑去。茶茶姐姐赶紧追上去，紧紧地抓住险些踩进水里的王富根。在这个时候，王富根当然不喜欢别人拉住他，他使劲一挣一推，便把茶茶姐姐推倒了。茶茶姐姐倒进水里，全身湿透。

“姐姐——”茶茶赶紧跑过去扶姐姐。

旁边的几个妇人也赶过去扶茶茶姐姐。

王富根根本不管茶茶姐姐，他径自朝水里走去，他定是想要坐到龙舟上去。茶茶姐姐还没站稳，又急于上前去逮住王富根。

一直站在不远处的袁佳辉终于忍不住了，他冲上前去，一把抓住王富根，想把他拉上岸。可是，王富根虽然脑子不够清醒，力气却非常大，他生气地瞪了袁佳辉一眼，挥起拳头就朝袁佳辉砸来。袁佳辉躲过了王富根的拳头，然后迅速地把他的双手反剪在身后，押着他往岸上逼。

被袁佳辉逼上岸后，王富根哭着喊着，不依不饶，还要向水里冲。

这时候，陈大壮挤进人群中来了，他把手上的几个粽子递给茶茶姐姐，说：“鹰儿姐姐，把这个给他吃。”

茶茶姐姐把粽子拿到王富根面前，说：“富根，吃，好吃。”

王富根见到粽子，便忘了龙舟，他胡乱地扒着捆粽子的棕叶丝，胡乱地扒着粽叶……终于撕开了，可是，一个不小心，粽子掉在了地上。王富根可管不了那么多，他捡起裹满了泥沙的粽子，塞进嘴里，一边嚼，一边傻笑着说：“婆娘，好吃……”

茶茶真不忍心看这一幕。

龙舟赛马上就要开始了，想象着往年那壮观的场面，在场的所

有人热血沸腾。

今年的龙舟赛与往年有所不同，其中，“战国七雄台”是本次龙舟赛的一大亮点。河道上，从上而下分别设了“齐、楚、燕、韩、赵、魏、秦”七个观礼台，气势磅礴，让观众们觉得仿佛穿越到了古代。

龙舟赛开始了。

“咚咚锵——咚咚锵——”锣鼓喧天。

“嗬哟——嗬哟——”船桨急速而有力。

“加油——加油——”啦啦队喊破了喉咙。

锣鼓声、呐喊声、歌声、哨声……各种声音，应有尽有，所有的声音混合在一起，组成了一支激昂的交响曲。

经过激烈的比拼，塘河龙舟队不负众望，依旧夺得了龙舟赛的冠军。

“老字号米酒”的老板早就请人搬了许多米酒到现场，他说：“获了冠军，米酒管够。”

有人笑道：“如果没有获得冠军呢？能喝吗？”

“如果没有获得冠军，管醉，醉醒后，来年再加油，哈哈哈！”老板说。

龙舟英雄们下船后，一人抱一罐米酒，大口大口地喝了起来。

龙舟赛过后，一个不知名的高人，给大家表演了“独竹漂”。这人脚踩一根楠竹，手拿一根竹竿，行走在水中，如在平地上一样，平稳自如，还可以快速地绕弯，倒退，转身等，让观众们大开眼界。

节日的喜庆，精彩的表演，让镇里镇外的人都感到非常开心。然而，茶茶并不开心，她的眼前总是闪现出姐夫王富根的傻样，耳朵边上总是回响着王富根的那句“婆娘,好吃”,她想:我会不会像姐姐一样发病,然后嫁给一个像王富根一样的人?

茶茶不禁又想到了妈妈。茶茶妈妈有时候也会不太正常,疯疯癫癫地说一些大家听不懂的话,或者是凶神恶煞地骂人,还会满大街乱跑……但妈妈发病的时间没有当年姐姐那样长,一般没几天,茶茶妈妈便会恢复正常。

陈大壮在人群里钻来钻去,像一条泥鳅一样。这会儿,他刚好从茶茶身边走过,还冲着茶茶扮了个鬼脸儿。茶茶一想到这个瘦骨伶仃的家伙将来要成为自己的丈夫,心里又别扭起来,仿佛一下子又看不到自己的未来了……

茶茶又想到了外婆说的“父母之命,媒妁之言”,她觉得自己根本没办法把握自己的命运。

突然,茶茶的脑子里蹦出一个念头:逃避!

这真是一个可怕的念头。在大家眼中,茶茶一向是个乖巧的女孩儿,从来都不会做出什么让人出乎意料的事情来,她就是那种很让人放心的女孩儿。现在,茶茶想要逃避,她会用什么方式来逃避呢?

茶茶在心里问自己:如果大家都觉得我患了精神病,媒婆是不是就不会来了,我是不是就不会和陈大壮定亲了?

茶茶笑了,笑得和平时不一样,她见到每个人都笑,是傻笑。她还抢别人手中的东西吃,吃着吃着就哭了,吃着吃着又笑了……

“这丫头,疯了吧?”

“不要乱说,茶茶是正常的。”

“他们家都出两个疯子了……”

“这丫头，兴许是高兴坏了。”

“老茶家，怕是风水不好吧？”

……

大家都用诧异的眼神看着茶茶，开始怀疑她是不是出问题了。

当所有的人都向茶茶投去异样的目光，远远地为茶茶让道的时候，只有陈大壮默默地在不远处跟着茶茶。

茶茶从别的小孩儿手中抢过一样东西，要往嘴巴里送的时候，陈大壮会凑近一点，仔细地看看那东西能不能吃。茶茶刚从一个小孩子手中抢过一小块蛋糕，她咬了一口，又吐了出来，把手里的蛋糕也赶紧扔了。茶茶又从地上捡起一只粽子，准备朝嘴里塞，陈大壮飞快地冲过来，抢过茶茶手中的粽子，一下子扔出老远。

“哼！”茶茶生气地看着陈大壮，她觉得陈大壮破坏了她的计划。

“很脏，你不能吃。”陈大壮很认真地对茶茶说。

“我……”茶茶只说了一个“我”字，便没有说下去。其实，茶茶想说的是：“我知道很脏，但我不会真的吃，我是做给别人看的。”

但是，陈大壮却不知道茶茶是在演戏呀，他认为从地上捡起来的粽子是脏的，茶茶不能吃脏东西。

茶茶沿着河边走，陈大壮一路跟着。茶茶急了，她趁陈大壮不注意，狠狠地踩了他一脚，疼得陈大壮直咧嘴。

茶茶假装朝水里走去，吓得陈大壮一把抓住她，说：“茶茶姐姐，你不可以……”

就在这个时候，茶茶爸爸和袁佳辉赶来了。原来是茶茶家人听说茶茶犯病了,赶紧分头出来找茶茶。

“茶茶,回家。”茶茶爸爸说。

茶茶不愿意回家,她站在原地,仿佛没有听到爸爸的话。

“茶茶——”茶茶外婆来了,她的叫声里,带着几许忧伤。

听到外婆的声音,茶茶的心软了一下,她有些责怪自己,因为自己装病,让外婆担心了。然而,茶茶想到自己的计划还没有实现,便假装对家人不理不睬。

“啪——”茶茶外婆给了茶茶一个重重的耳光。

茶茶被吓傻了,外婆可是从来没有动过她一根手指头的呀,今天怎么会给她一个耳光呢？而且还打得很重。茶茶想:难道外婆看出我在装病了吗？是我把外婆惹恼了吗？或者说,是不是因为我生病了,外婆就不喜欢我了……

想到这些,茶茶的脑子很乱,她一急,飞快地跑了……

茶茶外婆为什么要给茶茶一个耳光？因为民间有这么一种说法:一个突然精神不正常的人,可能是在什么地方撞上了不干净的东西,给这人一个耳光,便会把不干净的东西吓跑,那人就会恢复正常。

茶茶跑的时候,大家都愣在原地,都和茶茶一样弄不明白:茶茶外婆为什么要打茶茶？等茶茶都跑得不见影儿了,大家才回过神来:得赶紧去把茶茶追回来。

大家分头去寻找茶茶。陈大壮却走了和大家不一样的方向。

陈大壮先来到王爷庙,他以为茶茶会躲在那里。可是,陈大壮在王爷庙里没有找到茶茶,他又朝另一个地方跑去。

当陈大壮在清源宫的老戏台后面找到茶茶的时候,茶茶正在伤心地流泪。茶茶不是怪外婆打了自己一耳光,她是在怪自己不争气:为什么要装疯卖傻?为什么要让别人小看自己?如果自己真的疯了傻了,谁来照顾这个家?姐姐已经累成那样了,自己可不能再出什么事了……

陈大壮躲在不远处,静静地看着茶茶。他不敢靠近茶茶,他害怕被茶茶赶走,但他又不愿意离开,他担心茶茶一个人在这里会害怕。大人们不让小孩子进王爷庙和清源宫里去玩耍,吓唬他们说那里面有大头鬼,会吃小孩子……所以,陈大壮认为自己一定要留在这里陪着茶茶。

"茶茶——茶茶——"是茶茶爸爸的声音。

陈大壮想:茶茶该会回答吧?可是,茶茶没有回答。

"茶茶,你个死女儿,死哪里去了?"是茶茶妈妈的声音。

陈大壮又想:茶茶该会回答了吧?可是,茶茶还是没有回答。

"茶茶,丫头——"是茶茶外婆的声音。

陈大壮想:外婆最疼茶茶了,茶茶该会回答吧?可是,茶茶还是没有回答。

……

陈大壮饿了。他想:茶茶肯定也饿了吧?于是,他跑到码头上,在卖塘河香粽的老人那里买了几个粽子,回到了清源宫。磨蹭了好一会儿,陈大壮才鼓足勇气,来到茶茶身边,把粽子递过去,说:"吃吧。"

"啊——"茶茶一声尖叫。

是啊,在寂静的清源宫里,突然冒出一个声音来,茶茶能不害怕吗？当她看清楚是陈大壮的时候,很生气地问:“你跟来做什么？你不怕鬼啊?”

“嘿,我来过很多次了,这里根本就没有鬼。”陈大壮说。

“啊？你来过很多次了?”茶茶突然觉得陈大壮一下子就高大起来了。是啊,他竟敢一个人来清源宫。

“嗯,经常来玩儿。”陈大壮把粽子解开,递给茶茶,说,“吃吧,肯定饿了。”

茶茶的确是饿了,她一边吃粽子,一边说:“你一直在跟踪我?”

“嗯。”

“你为什么要跟踪我?”茶茶问。

“我怕你走丢了。”

“嘁,你觉得我会走丢吗？我又不是不认识路。”茶茶说。

“我是想保护你。”

“保护我?”茶茶问。

“嗯,保护你。”陈大壮说,“上次我偷人家的米酒喝,还打翻了酒罐儿,是你一直在保护我。这回,我也要保护你。”

“好吧,你知恩图报。”茶茶说完,继续吃粽子。

过了一会儿,陈大壮问:“你真的不回去了吗?”

“我害怕回去。”茶茶说这话的时候,没有吃粽子了,她望着清源宫顶上的天空发呆。

不一会儿,茶茶姐姐来了,她在老戏台前大声说:“茶茶,茶茶,跟姐姐回家吧。家里人都急着呢,特别是外婆,再这么急下去,恐怕

要急出病来。”

茶茶想:姐姐肯定是吓唬我的,我才不上当呢。

“我去引开你姐姐。”陈大壮说。

陈大壮以为,他在茶茶姐姐眼前露个面,让茶茶姐姐认为这里只有他一个人,就可以把茶茶姐姐引走。

陈大壮从戏台后面出来,假装被茶茶姐姐看见后,扮了个鬼脸,说:“不要告诉我爸爸妈妈我来过这里啊,他们会打我的。”说完,便跑出了清源宫。

茶茶姐姐在老戏台后面找到了茶茶。陈大壮哪里知道,茶茶姐姐是看见他拿着粽子进了清源宫,才跟着进来的。

“茶茶,跟姐姐回家吧,家里人都急坏了。”茶茶姐姐说。

“我怕……”

“怕什么呀?”茶茶姐姐问。

“我不想和陈大壮定亲。”茶茶说,“不过,陈大壮其实是好人。我又担心,他们万一哪天又变卦了,不和陈大壮定亲了,找一个像姐夫那样的……”

茶茶害怕姐姐听了伤心,她没有把话说完。

“妹啊,外婆一直告诉我,身为女人,就要认命,婚姻大事,父母做主,嫁鸡随鸡,嫁狗随狗……”

“不,姐姐,书上电视上都在说,现在提倡婚姻自由……何况我还没有到结婚年龄……”茶茶觉得说这些话有点不好意思,说着说着,便又停住了。

陈大壮刚出清源宫,不知道突然想起了什么,又折返回来,躲在暗处，听茶茶和姐姐说话。他听到这些话后，在心里想：媒婆去过家里，好像说要和茶茶定亲……唉，什么认命啊父母做主啊，大人的世界，真是搞不懂……嘿嘿，不过，如果茶茶嫁到我们家来，我一定要好好地保护她……不过，还是把她当成姐姐才更好……

3

石龙门庄园，这个占地一万三千多平方米，建筑面积七千多平方米的庄园，经历了这么多年的风雨洗礼，它虽然已经喘着老旧的气息，有些地方甚至只剩下断壁残垣，但依旧是一个散发着贵族气息的庄园。那些飞檐，那些斗拱，那些雕梁，那些木窗，那些斑驳的老墙……无一不深藏着那些沧桑的流年，那些古旧的时光。

如今的石龙门庄园，被大片荔枝林包围着。时值夏日，正是荔枝成熟的季节。远远望去，那一簇簇的红，挂在枝头，那么张扬，那么美丽，格外惹人眼。石龙门庄园外，有一棵高大的荔枝树，被称作荔枝王。若是你从荔枝王底下过，抬起头来，你根本就望不到它的顶，更猜不透它到底结了多少荔枝。

陈大壮家，住在石龙门庄园的一角。

陈大壮家的堂屋门口，挂着一块招牌，上面写着“天和豆花饭”，旁边还挂着菜谱，上面写着：石磨豆花、蒜泥黄瓜、粉粑炒腊肉、盐白菜瘦肉汤、楠竹笋猪蹄汤……

陈大壮家除了有一间堂屋，还有两间卧室，一间厨房，一间猪圈。猪圈分两小间，一间里养着两只过年猪，另一间里养着一只母

猪。母猪下了十几只小猪崽，个个都鲜活可爱，此刻，它们正在抢着吃奶，个头稍大点的猪崽，总是在吸了这个奶头后，再去把那只个头稍小一些的猪崽用嘴拱开，夺取别的猪崽应该享有的那个奶头。那只最小的猪崽，走来走去都找不到可以吮吸的奶头，急得“哼哼哼”地大叫。

这会儿，大壮妈妈正在院坝里打水竹席。大壮妈妈有一个好听的名字——王月娥，这个名字和她的个性挺般配，她就是一个性情温和、寡言少语的中年妇女，和大壮爸爸一样，父母双双过世，家中也无别的兄弟姐妹，在这一点上，大家都说她和大壮爸爸是绝配。但仅限于这一点。大壮爸爸的那些爱吹牛、游手好闲之类的缺点，她是绝对没有的。大壮妈妈经营着自家的“天和豆花饭”饭庄，卖豆花饭、炒腊肉等家常饭菜，空闲的时候便打水竹席，也能赚一些钱，用来维持一家三口的生活。

塘河水竹席，因“薄如纸，明如玉，平如水，柔如帛”而誉满八方。大壮妈妈是打水竹席的好手，大壮爸爸有时间会一起打一会儿，但他做出的工艺远比不上大壮妈妈。大壮妈妈打的水竹席，在塘河水竹席中可算是最有名的。每逢赶集日，大壮妈妈会把打好的水竹席拿到镇上的竹货市场上去卖，一定能卖个好价钱。平日里，有游客来石龙门庄园，在大壮家吃了饭，也可能会买一张水竹席带走。镇里镇外时常会有慕名而来买大壮妈妈的水竹席的人，他们总会为买到了上好的水竹席而高兴。大壮妈妈每月能编织好几张竹席，也算是供不应求吧，她会把卖水竹席的收入存起来，说将来给陈大壮娶媳妇用。

编水竹席有砍竹、剖篾、编织三个过程。砍竹这件事，通常由大壮爸爸陈天和来完成，他虽然被大家称作“天棒”，但他还是愿意为大壮妈妈着想，主动承担家里的重活儿。至于剖篾嘛，他高兴的时候便留在家里和大壮妈妈一起剖，不高兴了，或者玩心大发时，便会扔下那些竹子，自个儿跑到老街上去喝茶、饮酒、摆龙门阵等。

剖篾是一项技术活儿，用磨得非常锋利的篾刀，把原本就不厚的篾条剖为青篾、黄篾和死黄，而且还不要剖断(因为编水竹席的时候，尽量选用完整的长篾条，减少断篾接头，这样打出来的水竹席不但美观，而且更耐用)，这就全凭手上功夫了。用细青篾来打的水竹席为席中的上品，黄篾可以用来打斗席、围席等，死黄是篾的最里层，因为柔韧度不够，不能用于编竹制品，只能当柴火做饭用了。

打水竹席是看起来简单做起来不容易的细活儿。你时常见到那些打水竹席的人，用脚踩着已编出来的部分，双手的手指游走于竹篾间，像在跳舞一样，非常轻快，然而，这是既伤手又不容易做好的活儿。你仔细看，哪个编竹篾的手是细皮嫩肉的？尤其到了冬天，编竹篾的手都开口甚至出血，那些开出的口子，仿佛在向你诉说着打水竹席的辛苦。在编织的过程中，如果松紧不一致，打出来的水竹席就不平整更不美观。

如果问你水竹席的编织是从哪里开始的，你能给出正确答案吗？或许你会说从侧面编起，或许你会说从某一个角开始编起……都不是。竹席的编织，是从中间开始，如果你不信，可以来看看大壮妈妈是如何编织的。

这会儿，大壮妈妈正在收边。水竹席的收边非常重要，要收得

干净漂亮，做到既耐用又美观。一个不能给竹席完美收边的人，不能算是优秀的打席人。竹席的收边一般采用倒编法，席沿成为一条整齐的直线。

“啧啧啧——”大壮爸爸从屋里端着两碗老茶出来，路过大壮妈妈身边的时候，赞叹着大壮妈妈打的水竹席，“这边收得，塘河古镇没有第二个了。”

“你又不来打，就知道说人家打得不好，挑肥拣瘦。”大壮妈妈一边收边一边说。

“你是不是听损人的话听习惯了？我这是在表扬你，说整个塘河古镇，没有哪个有你收边收得好。”大壮爸爸说。

“嘁，如果你来收边的话，我也愿意表扬你。”大壮妈妈说。

是的，大壮爸爸就是不爱做这些细活儿，他没有那份耐心。何况，他打出来的水竹席，他收出来的边，真不如大壮妈妈，所以，他干脆以他打的水竹席不好卖为借口，远离水竹席，喝自己的茶，饮自己的酒，摆别人的龙门阵。

这会儿，大壮爸爸正坐在院坝里，和胡子画家摆龙门阵呢。

“兄弟，随便喝。”大壮爸爸把一碗老茶放到画家面前，说，“今早你嫂子烧了一大缸老茶，管够。”

胡子画家姓陈，大壮爸爸总是很亲热地称他为兄弟。

胡子画家在院坝门口，支起画板，坐在那里，并没有开始作画。他或许是想画打水竹席的大壮妈妈，或许是想画远处的风景，或许只是支着画板寻找灵感……

胡子画家自己也带了一个大茶杯，里面泡的也是老茶。不过，他似乎更喜欢喝大壮爸爸端出来的老茶,在他看来,那些从锅里烧出来倒进瓦缸里的茶水,比在茶杯里泡出来的好喝得多。胡子画家端起那个粗碗,“咕咚咕咚”地喝了几大口,很过瘾的样子。

大壮爸爸坐在画家身边,一直不停地讲着他所知道的陈芝麻烂谷子的事,他在讲这些的时候,胡子画家仿佛在听,又仿佛没有听。讲着讲着,大壮爸爸会停下来问一句:“兄弟啊,你在你的老家,听说过这些没有?”

“嗯……有的听说过,有的没听说过。”胡子画家说。

胡子画家的这个回答,让大壮爸爸感到很满意,毕竟,他认为眼前这位本家兄弟在认真地听自己摆龙门阵。

“兄弟,我给你摆一个我们塘河的龙门阵,我给你摆摆我们塘河古镇的来历。你慢慢喝茶,我慢慢讲给你听。”大壮爸爸说,“很久很久以前,这里只有几户人家,塘河也只是一条小溪沟。有一天晚上,狂风暴雨,电闪雷鸣,一条七分像蛇三分像龙的怪物从北洋溪游来,游到这里的时候,那个怪物越长越长,越长越大,两边的房屋、树木都被它压在身下,于是,之前的那个小溪沟,便变成了一条河,就是现在的塘河。那个怪物还在不停地长大,把人们吓得哭天喊地,声音惊动了溪边的大牯牛,大牯牛起身来,去阻挡那个怪物。怪物和牯牛展开了一场恶战。牯牛用角把怪物刺得遍体鳞伤,发怒的怪物先后咬下了牯牛的两只角,没有了武器的牯牛,只能任由怪物撕咬。牯牛的脑袋被怪物咬下来了,上颌和下颌被撕成了两绺儿,掉在河里,就是现今塘河古镇的两个码头。牯牛的身体被怪物撕成了碎片,变成了河中的大块小块的石头,那两只牛角,一只在上游,一

只在下游，就是现今的上洗布滩和下洗布滩。怪物战累了，没有力气再长大，也没有力气再伤害别的东西，便顺着水流，游到大海里去了。为了纪念这头牯牛，人们便在这里定居，说要用美好的生活来纪念牯牛，塘河古镇就这样渐渐形成了。”

古镇的来历，大壮爸爸都不知道给哪些人讲过，也不知道讲过多少遍了，但他还是愿意一遍又一遍地讲给别人听，尤其是讲给从镇外来的人听，他要让更多的人知道，他能讲这个故事，他是这个有着悠久历史的古镇上的一员。

大壮爸爸讲了古镇的来历，又开始给胡子画家讲石龙门庄园，讲着讲着，他便说：“我们陈家，人丁兴旺的时候，顿顿吃饭都有十几桌人……我们陈家，是一代比一代强，兄弟你看看，我们陈家的庄园，要多气派就有多气派，塘河古镇哪家能比？想当年，我们祖上，要多风光就有多风光，你小看不得……”

“对头对头，你们陈家的庄园，哪家都比不上，你们祖上，要多风光就有多风光。啊哈哈哈哈——啊哈哈哈哈——”

院坝外，响起了一阵夸张的笑声，真是未见其人，先闻其声。

一听这声音，大壮爸妈便知道，是古镇内外都熟悉的孙媒婆来了。她的笑声，她的歌声，今天在这家小院里响起，明天在那家的大厅里响起，一年三百六十五天，她仿佛没有一天休息过。

果真是孙媒婆。大壮妈妈从屋里搬来一张凳子，端来一碗老茶，请孙媒婆在院坝里坐下。

孙媒婆有着三十年专业说媒的经历，你可别看她已经六十多岁，却健朗得很，走起路来，一步三摇，若是来个小碎步，便快得跟阵风似的。孙媒婆时常穿得大红大绿,发髻上别一朵大红花,她说这样能给家家户户带去喜庆。晴天里,孙媒婆会穿一双绣花鞋,雨天里便穿一双红胶靴,这三十年来,不知道她走破了多少鞋,磨了多少嘴皮子。孙媒婆那一张大嘴巴,总是涂着鲜艳的口红,张口说话就像要吃人一样,笑起来河对面都能听得见,她所到之处,都是未见其人先闻其声。孙媒婆总是跑了东家跑西家,吃了村头吃村尾,得了哪家的好处,她总是说:"将来给你家说门好亲事,啊哈哈哈哈……"

孙媒婆一进大壮家的院坝,便唱了起来:

陈家少爷要门好亲事,
我孙媒婆一直放心头。
千辛万苦访到老茶家,
茶茶丫头真是一朵花,
端庄秀丽都不在话下,
陈家冯家注定是一家。
我孙媒婆牵一根红线,
这门亲事一定顶呱呱。
……

"他老茶家的丫头,再怎么好,也是从精神病窝子里长出来的。"大壮爸爸说这话的时候,眼睛里充满了不屑。

一直对大壮爸爸的龙门阵没多大反应的胡子画家,听到大壮爸爸说这句话的时候,皱了皱眉,但他没有说话,只是看着远方,不知道他是在看风景,还是在想什么心事。

"茶茶那丫头好好的,哪里有病……"大壮妈妈一边剖着竹篾一边说。

"龙舟赛那天就发病了,好多人都看见了。"大壮爸爸说。

"她装的!"大壮从屋里跑出来,大声说。

"滚进去!"大壮爸爸对大壮的反应感到很不满,他大声喝道,"这事轮不到你插嘴,小狗崽子!"

陈大壮被爸爸这么一吼,吐了吐舌头,爬到一棵荔枝树上,摘荔枝吃去了。

"看看,你们看看,茶茶那丫头好福气呀,还没过门,就有大壮护着。"孙媒婆大声说,"茶茶她姐姐冯鹰也是好福气啊,自从她嫁到王家,便再也没有发过病,她们家那门亲事,也是我做的媒呢。我做的媒,都很吉利啊……你们家大壮不是要寻一个大三岁的丫头定亲吗？我现在给你们寻到了,你们家大壮今年十岁,茶茶那丫头今年十三岁,刚好相配呢……去年,老茶家观花照水,说要在今年夏天给他外孙女儿定一门亲事……你们两家真是门枋遇到对子,瞌睡遇到枕头,正合适啊！啊哈哈哈哈——"

陈大壮身体一直不好,前些日子,又吃不下喝不下,走路也没精神,大壮妈妈便请了观花婆来给陈大壮观花照水。观花婆说,陈家祖宗要大壮家烧多少房子去,烧多少钱去……还说要定个娃娃亲,女方要大三岁……

"啥子人到你嘴里,都正合适。"大壮爸爸说,"亲事都被你说完了以后,遇到猪和牛,你都会说那是瞌睡遇到枕头,正合适。"

即便是大壮爸爸这样说话,孙媒婆也并不生气,她还自顾自地唱了起来：

谁不知我孙媒婆，
镇里镇外忙牵线，
这个家庭和又美，
那个家庭很有钱。
老茶家的外孙女，
注定嫁到这庄园，
这段姻缘很美满，
美满姻缘一线牵。
……

在荔枝树上吃荔枝的陈大壮，没听明白孙媒婆唱些什么，只觉得“咿咿呀呀”真难听，他拿出藏在丫杈里的弹弓，又从嘴里吐出一粒荔枝核儿，只听“啪”的一声，荔枝核儿被打在离孙媒婆不远的墙壁上，再弹回来，正好弹在孙媒婆的腿上。

“哎哟——”孙媒婆尖叫一起，嘴里停了唱，抬起头来，见陈大壮在荔枝树上，便猜到这坏事儿是他做的，她说：“小崽儿真不知好歹，我来给你说门好亲事，给你娶个好媳妇，你却这样对待我……”

“大壮，不要这样没礼貌啊！”大壮妈妈从菜地里背了一背篓菜回来，刚好碰上这一幕，她批评了陈大壮后，赶紧给孙媒婆赔不是。孙媒婆满脸堆笑地说：“小崽儿不懂事，不怪他，只要你们大人明事理，知道这门亲事的重要性就好……”

按习俗，大壮妈妈给孙媒婆煮了一碗醪糟鸡蛋，算是对孙媒婆前来说媒的答谢。孙媒婆一边吃一边说：“月娥啊，我来给你们牵线

搭桥，可是为你们家大壮好啊，你们家就这么一根独苗，可不能耽搁了……啊哈哈哈哈——”

“好好好，谢谢您老人家的好意。”大壮妈妈不停地说着感谢，“老茶家，还要靠您老人家多费口舌，到时候我们少不了您的礼。”

“月娥，你们家大壮这事儿啊，就包在我身上，没有我孙媒婆搭不好的桥，特别是这美满的鹊桥，啊哈哈哈哈——”

孙媒婆离开的时候，从荔枝林经过，她的头顶便下起了荔枝核雨，一粒粒荔枝核，从荔枝树上落下来，打在她的头上，身上，脸上……

孙媒婆走后，大壮妈妈问陈大壮：“大壮，你同不同意这门亲事？”

“谁呀？”陈大壮假装不知道。

“茶茶呀。”大壮妈妈说。

“她呀……”陈大壮继续装。

“你喜欢茶茶吗？”大壮妈妈问。

“不知道……”陈大壮假装很馋地吃着荔枝。

“爸爸妈妈要给你定这门亲事。”大壮妈妈说。

“结婚不好玩儿。”陈大壮说，“不过，结婚有好吃的……不过，茶茶姐姐肯定不想结婚……嘿嘿——”

大壮妈妈又和大壮爸爸商量这事，大壮爸爸一口气把一大碗老茶喝完，想了想，说：“好啊，定了这门亲事，我就不愁茶和酒了……”说完，又出了门，定是朝老茶坊去了。

陈大壮蹲在胡子画家身旁，看胡子画家画画。胡子画家在画这些老屋，每一笔都画得很仔细。

“胡子叔叔，你家在哪里？”陈大壮问。关于这个问题，陈大壮都不知道问过多少回了，从胡子叔叔第一次来这里那年便开始问，但他从来没有得到过准确答案。

“我的家啊？很远很远。”胡子画家说。

“有多远呢？”陈大壮问。

“你觉得该有多远，就有多远。”胡子画家说。

胡子画家从哪里来，住一段时间后会到哪里去，他从来不会和旁人提起。当年，他来到石龙门庄园，选了一间破旧的老屋，给了大壮爸爸一点租金后，便独自修缮起来。说是修缮，不过是把里面的蜘蛛网弄一下，把关不上的门修一下，再挂一把铜锁，就算是一个家了。每次来石龙门庄园，他都会住在这间屋子里。他更多的时候是在发呆，或许别人认为他是在欣赏风景。有时候，他会坐在陈大壮的竹排上，在河中漂个大半天，兴致来了，还会在竹排上吼吼歌，还吼得有模有样。有人怀疑他是寻祖而来，因为他也姓陈。也有读了些书的人说他是寻梦而来，至于那是一个什么样的梦，谁也说不清楚。

“胡子叔叔，我想听葫芦丝。”陈大壮说。

对陈大壮想听葫芦丝这个要求，胡子画家是有求必应。他从屋里拿出葫芦丝，吹了起来。这一次，他吹的是《月光下的凤尾竹》。胡子画家吹葫芦丝如同他画画或是欣赏风景或是发呆一样，都极为投入，仿佛这个世界都与他无关。他是闭着双眼把这支曲子吹完的。

“胡子叔叔，我可以和茶茶姐姐结婚吗？”陈大壮突然问胡子画家。

胡子画家看了陈大壮一眼,说:“可以啊,不过现在你们都还小。”

“大人为什么一定要给我们定亲呢?”陈大壮继续问。

“这个嘛……”画家想了想,说,“大人总觉得他们做得有道理。”

“你也是大人。”陈大壮说,“如果你是我们家的大人,你会让我和茶茶姐姐定亲吗?”

胡子画家摸了摸陈大壮的头,说:“大壮啊,来,我教你吹葫芦丝……”

好吧,陈大壮就跟着胡子画家学习吹葫芦丝。刚学几句,陈大壮说:“等我学会了,你再教茶茶姐姐吹葫芦丝吧,她肯定比我学得快。”

胡子画家没有说话,他放下葫芦丝,从笔帘里拿出一支画笔,在调色盘里调啊调,调啊调……不知道他要调出什么颜色来。

“胡子叔叔,有人说你来这里找梦。”陈大壮说,“你找到了吗?”

胡子画家笑了笑,笑得有点苦涩,他没有说话。

“胡子叔叔,我也想出去找梦。”

“等你长大了,如果你有需要寻找的梦,叔叔就带你出去找。”

“不过,我还是想留在这里。”陈大壮说,“我想帮助茶茶姐姐照顾她的家人,他们家需要照顾的人太多了,比如:老茶公和老茶婆都老了,需要照顾;她妈妈有时候会发病,也需要照顾;鹰儿姐姐怪可怜的,我觉得她也需要照顾……还有,万一茶茶姐姐又躲到老戏台后面去,谁也找不到她,谁给她送吃的去……”

4

茶茶家的二楼阳台上，那些雕花栏杆，在清晨的阳光下，闪耀着古旧的亮光，每一缕亮光里，仿佛都藏着一个久远的故事。

在这些亮光里，茶茶的暑假生活开始了。

外婆坐在阳光晒不到的这一面阳台上，搓着她纳千层底所需要的麻线儿。

“茶茶。”外婆轻唤。

“哎——”茶茶从房间里走出来。

“来，搓麻线儿。”外婆说。

外婆喜欢让茶茶和她一起搓麻线儿，哪怕茶茶不会搓，她喜欢茶茶像一只小猫一样，依在她的身旁。

“茶茶，帮我理一下，缠乱了。”外婆一边搓麻线儿，一边说。

茶茶时常帮外婆理这样的麻线儿，理着理着，茶茶便也会搓麻线儿了。

这些小小的麻线儿，从地里到这针线筐里，可是需要用许多劳动去换回的。待地里的麻秆成熟后，茶茶爸爸会抽空去把它们割回来，浸在天井中的那个大石缸里。这些需要下地的活儿，茶茶爸爸都不用谁去安排，他自然会知道什么时候该做什么了，并且把这些事情都做得非常好。麻秆浸泡一天后，茶茶外婆会把麻皮从麻秆上剥下来，然后拿专用的麻刀捋麻皮，把麻皮上的杂质全部捋掉。这些梳理得整整齐齐的麻皮，像姑娘的长辫子一样，而后被泡，被洗，

被晒，经过一道道复杂的工序，最后被搓成麻线儿，在纳千层底的时候，它们便开始体现它们的价值，展现它们的魅力。

茶茶外婆把一根根细小的麻线儿，搓着捻着，一边搓捻，一边把一根根长短不一的麻线儿接在一起，搓啊搓，捻啊捻，慢慢地，慢慢地，麻线儿便在外婆的手底越变越长。

“茶茶，挽麻团儿。”外婆一边搓麻线儿，一边说。

挽麻团儿通常是茶茶的任务，外婆搓出来的那些麻线儿，会被茶茶挽成一个漂亮的麻团儿，而且是从中间抽线的麻团儿，看起来漂亮，用起来方便。这些，都是外婆教给茶茶的。外婆经常对茶茶说：“丫头啊，姑娘家要学会做针线活儿，等你出嫁了，一家老小的针线，你都得做……”

“茶茶，帮外婆穿针。”外婆递过来一根大针和一根麻线儿。

也许你会说，这么粗的麻线儿，怎么能穿进那个小小的针鼻子（针眼儿）里去呢？把麻线儿穿进针鼻子，外婆教给了茶茶两种方法。

一种方法是把麻线儿的一头放进嘴里，用牙齿咬着磨啊磨，用手搓啊搓，捻啊捻，把麻线儿的这一头慢慢地磨慢慢地搓捻，让它变得细细的，然后再搓捻成一根细麻线儿，细到能穿进针鼻子里。

另一种方法是在麻线儿的一头搓进一根细棉线。把细棉线搓进麻线儿里，可不是一件容易的事情，得把麻线儿和棉线的一头都捻细，再把捻细的麻线儿分成两股，把捻细的棉线放进去，一起搓啊捻啊，搓捻成一根细细的线儿，这样，用棉线的另一头去穿针鼻子，纳千层底的时候，就能顺利地把麻线儿带过了。

“丫头啊,这布鞋底呀,一定要纳得结实才耐穿。如果图省事图快,没有把鞋底纳结实,鞋底就不耐磨,穿不了多久,鞋底的布就一层一层地坏掉了。”外婆说,“茶茶啊,不管做什么事,都要把基础打牢……”

像这样的道理,外婆天天都在跟茶茶讲,茶茶也愿意听外婆讲这些,她一直记得大家开玩笑时说的一句话:“不听老人言,吃亏在眼前。”这句话说得很直,但很有道理。

外婆纳千层底儿,茶茶在绣一个抱枕。在茶茶刚会拿针线的时候,外婆便开始教她绣花。外婆常说:“古时候啊,不会绣花的姑娘是嫁不出去的……丫头,这些手工细活儿,一定要学会做。”

茶茶学得很认真,也学得很快,现在,她绣出来的东西,和外婆的绣品一起放在博古架上,时常会得到客人的好评,还有出好价钱买走收藏的。

“噔噔噔——”急促的脚步声在楼梯上响起,有人快步上楼来了。

“我的老茶嫂哎,听我来唱一曲。”一听,便知道是孙媒婆来了。孙媒婆还没爬完楼梯,便唱了起来:

我的老啊老茶嫂,
这门亲事定下了。
陈家祖宗来显灵,
定门亲事大三岁,
你家丫头刚合适,
真是门当又户对。
……

“茶茶，给孙婆婆搬个凳子出来。”外婆吩咐着茶茶。

茶茶起身来，把刚才自己坐的凳子递到孙媒婆面前，说：“孙婆婆，坐。”说完，便进自己的房间去了。

茶茶讨厌孙媒婆，主要是讨厌她来家里给自己说亲事，她想：非要把我许给谁谁谁你才甘心吗？茶茶恨不得把孙媒婆请出家门去，可是她不敢这么做，外婆告诉过她，来的都是客人，要以礼相待。

孙媒婆刚才的唱词，院子里的茶客们也听到了，正好今天大壮爸爸也在。

“陈天棒，这门亲事不错哟。”

“天棒，你家大壮有福气，如果娶老茶家的外孙女，算高攀哦。”

“天棒，你们陈家祖上积德，能定上这么一门好亲事。”

“老茶家的家风，一顶一的好，老茶家的外孙女儿，肯定是知书达理的。”

“是啊，天棒家那小子，有福了。”

……

茶客们纷纷赞美着这桩亲事，纷纷赞美着老茶家。

茶茶外公没有说话，他不紧不慢地，“吧嗒吧嗒”地抽着叶子烟，然后，慢慢地吐出烟圈。那些烟圈，氤氲在茶茶外公的面前，薄烟后面那张满是皱纹的脸上，没有喜悦，也没有忧伤，仿佛什么也没听到，什么也没有想一样。

“咳咳咳——”大壮爸爸干咳了几声后，大声说，“来一壶老茶沙！”

“老地方，自便。”茶茶外公像以往一样，不紧不慢地回了一句。

大壮爸爸起身来，泡了一壶老茶沙，又如往常一样大声说："要喝的，自便。"

"嗯，好茶！"大壮爸爸喝了口老茶沙，说，"我家祖上，也的确积了些德，要不然，到了我这辈，肯定就真的是空架子了。"

"天棒，你说说，到了你这辈上，这架子上还有多少肉呢？"有茶客问。

大壮爸爸仿佛没有听到别人的问话，他自顾自地说："想当年，我们祖上，要多风光就有多风光，你小看不得……"

……

茶茶把自己关进屋里，她不想看到孙媒婆，更不想听到孙媒婆跟外婆说些什么。茶茶用纸巾团了两个小纸团儿，塞进了自己的耳朵里。她站在雕花窗前，正好能看见那条绕小镇而过的小河。

陈大壮的竹排，映入了茶茶的眼帘。以前，陈大壮也喜欢在河里放竹排，或是打鱼，或是运东西，或是放着玩儿，只不过茶茶没有注意而已。现在，茶茶开始注意这个瘦瘦的小男孩了，因为自己可能将要和他定亲，若干年以后，可能还要和他成亲……想到这里，茶茶觉得自己的心在"咚咚"直跳……

竹排上，除了有陈大壮，还有胡子画家。陈大壮慢慢地撑着竹排，胡子画家正在画画，或许，又在画塘河的哪一处美丽风景吧。过了一会儿，陈大壮示意胡子画家不要画了，他还指了指水里。原来，他之前已经下了网，这下可以收网了。

看，陈大壮收网了。虽然隔得那么远，但茶茶也能看到陈大壮收获了，胡子画家和他一起，把渔网里的鱼儿倒进了早就备好的水

桶里。茶茶看不到陈大壮的表情,但她能感觉到,陈大壮的脸上,一定挂着灿烂的笑。

茶茶想:其实,陈大壮也挺好的,如果家里能多这么一个弟弟,长大以后,就可以和佳辉哥哥一起,撑起这个家了……

“啊哈哈哈哈——”

媒婆走了,那夸张得变了形的笑声,从楼梯飞出,飞到了喝茶的院子里,也飞到了楼上茶茶的房间,就连用纸团儿塞住了耳朵的茶茶,也听到了那夸张的笑声。那笑声,一定还飞到了河边上,不知道那个撑着竹排的陈大壮听见没有。

孙媒婆从“张打铁”店铺路过,打铁嫂便出来了,她冲着孙媒婆的背影,大声说:“哟,孙媒婆,老茶家和天棒家,都是光鲜人家啊,这回,你可要发大财喽。”

“妹子哎,我整天东跑西跑,脚板磨破,嘴皮磨破,图的是多牵上些好姻缘,跟发大财可没有关系啊。”孙媒婆一边走一边说。

孙媒婆走后,打铁嫂又冲着老茶坊大声说:“真是恭喜老茶家呀,这么小的丫头就有出息了,这下子可以讨到不少打发钱,哈哈哈哈哈——”

老茶坊里虽然热闹,但没有谁回应打铁嫂一言半语。

晚上,一家人坐在大厅里,召开家庭会议。茶茶外公和外婆分别坐在圈椅上,茶茶爸爸和妈妈还有茶茶坐在一把三人椅上,佳辉哥哥坐在一旁的一张竹椅上。

“茶茶丫头的事,去年请观花婆来过,说要在今年夏天定一门亲事,我也一直焦虑。这前前后后,孙媒婆来过几次了,陈家同意这门亲事,我觉得就这样办吧,你们觉得呢?”茶茶外婆说。

“家里的事,你做主。”茶茶外公首先表态。茶茶外公知道,在这种情况下,如果他不首先发表看法,家里别的人是不会说话的。茶茶外公继续说:“陈家嘛,祖上倒是光鲜,但现在基业全无了,只是个空壳。好在天棒那媳妇还算勤俭持家。”

按理说,轮到茶茶爸爸说话了,但他仿佛没有要说话的意思。五大三粗、身强力壮的茶茶爸爸,整天就知道在隔壁的“张打铁”铁匠铺里打铁,靠力气挣钱,从来都沉默寡言。

茶茶外婆把目光转向茶茶妈妈。茶茶妈妈也没有说话。

茶茶妈妈今天和往常一样,头上依旧是两朵大花,一朵红,一朵绿,只不过在穿着上比往些天要整齐一些:一件素色的麻料短袖,一条暗红色的裙子,少了以前的花花绿绿和长长短短的丝线吊坠等装饰。如果不说是一家人,你根本不相信茶茶妈妈是茶茶外婆亲生的,那相貌,那神情,根本不像茶茶外婆。茶茶外婆也拿她没有办法,如果逼着她穿着打扮得雅致一些,她就会犯病,不知道是真犯病还是假犯病,总之就是疯疯癫癫的,还到处乱跑,茶茶外婆便也不再管着她应该穿什么戴什么,都由着她的性子来。

“对这桩亲事,你们怎么看?”茶茶外婆在问茶茶爸妈。

茶茶爸爸愣了愣,说:“听您老人家安排……”

茶茶外婆也知道茶茶爸妈的脾性,在家里的这些事情上,他们是不会说什么的。

茶茶妈妈倒好,不但不说话,还在这个时候把这几天赚的菜钱,一分不少地交给了茶茶外婆。

茶茶爸妈中年得小女茶茶,自然把她当宝贝,和茶茶姐姐一样,都是喜欢得不得了。但是,在女儿的婚姻大事上,茶茶爸妈都是听从茶茶外婆的安排,包括家里的大事小事,他们都习惯了让茶茶外婆做主。

坐在一旁的袁佳辉,自然也没有说话。

此刻的袁佳辉,内心很不平静,他在想:茶茶的命运,会和她姐姐一样吗?唉,大壮的身体虽然弱了点,但还算聪明,不像王富根那样是个傻瓜……佳辉又开始想起茶茶姐姐:鹰儿那边的日子,过得真是难啊,她还能撑多久呢……

茶茶外婆见大家都没有意见,便解散了家庭会议。

茶茶妈妈回到他们自己的房间里,她狠狠地抽了几口叶子烟后,咬牙切齿地骂道:"挨千刀的孙媒婆孙妖婆,狗日的龟儿子,看我不收拾你……"

茶茶妈妈念叨着要收拾孙媒婆,可不是一念而过。那场闹剧,是在东码头展开的。

傍晚时分的东码头,非常热闹,不管是古镇上的人,还是来旅行的人,都喜欢到这里来走一走,看一看。小河里,依旧会有撑着竹排吼着山歌的人,有那些把轮胎当成游泳圈带着孩子洗澡的人,还有那些坐在河边摆龙门阵的人……

茶茶妈妈收了菜摊,又像往常一样,到游人多的东码头乞讨去了。今天,茶茶妈妈的行头是:一个小木盆,十余张面值为一元的纸币,几枚硬币,一把破旧的折扇。茶茶妈妈把这些面值为一元的纸币,一张一张地挂在小木盆的边沿,再把硬币放在木盆里,跟摆商品似的，然后，一边摇着那把破旧的折扇，一边抽着叶子烟，那烟圈不停地从她的鼻子里钻出来，很快就飘散到人群中去了。

今天，茶茶妈妈头上的那两朵花，还是一朵红，一朵绿，只不过仿佛比之前的那两朵更大更鲜艳了些。

茶茶妈妈的身边，围着一群小孩子，他们在等待着茶茶妈妈用乞讨来的钱买好吃的、好玩儿的分给他们。

茶茶妈妈抽完了这杆叶子烟后，便一手拿着折扇，一手拿着烟杆儿，开始唱歌。至于她唱的什么歌，或许只有她自己能听得明白。

时不时会有人朝茶茶妈妈的小木盆里丢钱，五角的，一元的，有硬币，也有纸币。

孙媒婆也出来散步了。她在人群里穿来穿去，寻找着人群中那些还没有定亲的俊男靓女，她要看哪家的姑娘该出嫁了，哪家的儿子该娶媳妇了，时不时还和人家搭几句话，问一下情况。

茶茶妈妈对身边的一个小男孩说："宝贝崽子，你去把她头上的簪子取下来，扔进河里，我奖励你一个糖人儿。"

一个糖人儿的诱惑，还是蛮大的。很快，孙媒婆发髻上的发簪不见了。

因为还有发网网着，孙媒婆的头发，暂时还没有散开来。

"宝贝，你去把她网头发的网子取下来，扔进河里，我奖励你一串冰糖葫芦。"茶茶妈妈对另一个小男孩说。

一串冰糖葫芦，也足以诱惑一个馋嘴的小男孩。很快，孙媒婆发髻上的发网也没有了，刚才还好好的发髻，终于散了。

披头散发的孙媒婆，骂着，吼着，要捉拿扯散她头发的调皮鬼

们。可是,她哪里能追得上这些调皮的小鬼头们啊!

茶茶妈妈又以两串冰糖葫芦的诱惑,让一个小男孩把孙媒婆的绣花鞋提到了她这里来。茶茶妈妈脱下她脚上的那双臭气熏天的绣花鞋,换上了孙媒婆的绣花鞋。这鞋小了点,不合脚,只能当拖鞋穿。茶茶妈妈穿着孙媒婆的鞋,围着小木盆,跳了一个圆圈舞,引得不少人前来观看。

孙媒婆要鞋来了。茶茶妈妈指着自己脚上的鞋,说:“这是我从垃圾堆里捡来的,是你的?”然后,茶茶妈妈提起自己刚才脱下来的那双臭鞋,在孙媒婆的鼻子底下晃了晃,说:“我这双新鞋不错,送给你。”

“你这个妖精十八怪,还真是会欺负人。”孙媒婆说完,便捏着鼻子,跳起来想骂茶茶妈妈,可她光着的脚不知道被什么硌了一下,脚板一挪地方,便踩翻了茶茶妈妈要钱的那个小木盆。那小木盆也真是配合茶茶妈妈:它竟然这么不中用,被孙媒婆给踩坏了。

“哎呀呀,快来人啊,孙媒婆孙妖怪欺负人了……”茶茶妈妈扯开嗓门喊了起来。

那些得到过茶茶妈妈好处的孩子们跑过来,围着孙媒婆,有的扯她的衣服,有的扯她的裤子,扯得孙媒婆护衣服也不是护裤子也不是。

“饶了我吧,我的冯大嫂我的老先人……哎哟哟,我哪辈子得罪了你哟……”孙媒婆求饶了。

“哈哈哈,哈哈哈——”茶茶妈妈大笑起来,她头上那两朵鲜艳的大花,也一颤一颤的,仿佛在给它们的主人呐喊助威。

茶茶妈妈当然不会轻易饶了孙媒婆，在孙媒婆答应赔她一个崭新的可以泡脚用的大木盆后，她才让那群调皮的孩子停了手，孙媒婆才得到解放。

5

清晨，茶茶外婆起床来，和往常一样，拿出她的木梳，慢慢地梳理那头银发。与其说茶茶外婆在梳理头发，不如说她在慢慢地梳着头皮，享受着梳齿滑过头皮的那种感觉。茶茶外婆梳得很慢，她要把头皮的每一个角落都梳到，而且要让每一个角落都感觉舒服。茶茶外婆经常说："早上不梳头，就会一天不清醒。晚上不梳头，便会睡不着觉。"

在清晨的美好时光里，茶茶外婆梳头皮，理头发，绾头发，插发簪，每一步都不紧不慢。

一个整齐的发髻，让茶茶外婆慈祥中略带威严。

洗漱完毕后，茶茶外婆便坐在大厅的圈椅上，整理着她的首饰：捏捏耳环，略软的黄金在睡觉或洗脸的时候容易被弄变形；转转戒指，在不经意间，手指上的戒指总喜欢改变方向，必须把它调整过来；转转手镯，也许手镯可以不用转，因为它戴在手上后本来就一直被转着，但是，用手抚摸一下它，也算是养玉吧。

茶茶外婆每天早上起床来的四件事，剩最后一件了：吃一碟生葵花子。

当茶茶外婆把手伸向原本应该放有葵花子的碟子的时候，她没

有摸到葵花子。

今天,这只碟子是空的。

茶茶没有像以前一样,准时把葵花子放在碟子里。

茶茶睡懒觉了？或者是她一起床便忙别的事情去了？抑或是她根本就忘了这件事?

每天早上给茶茶外婆放葵花子,是茶茶的事儿,这让茶茶养成了不睡懒觉和认真做事的习惯。

“茶茶——”

没有人应答。

“茶茶——”

“哎——”

茶茶从楼梯上下来,见外婆坐在那里,才突然想起,今天忘记摆葵花子了。她急忙拿起碟子,跑到里屋,装了一碟葵花子出来。

“记得换上那件红花小旗袍。”外婆叮嘱茶茶。

家庭会议后,茶茶外婆回孙媒婆的话,表示同意这门亲事。于是,孙媒婆便告诉双方当家人,开始做相(定婚)。

双方约定好的时间到了。今天,茶茶一家要到陈大壮家去吃午饭。

昨天晚上,茶茶外婆已经把那件红花小旗袍放在茶茶的床头柜上了。茶茶外婆是做衣服的好手,她做出的各式旗袍、对襟衬衫、各式棉袄……中国风的味道特别浓郁,衣服上的各式盘扣,都是茶茶外婆手工制作,异常精致,精致到你扣好便舍不得把它再解开来。

这件红花小旗袍,是在媒婆来了之后,茶茶外婆便开始做的,她要让茶茶穿着漂亮的旗袍去陈大壮家定亲。

听了外婆的叮嘱,茶茶没有说话,便转身上楼去了。

“噔——噔——噔——”茶茶没有像以往那样小跑着上楼,而是走得比较慢,踩在木质楼梯上,仿佛每一步都踩得很重,那“噔——噔——”的响声里,仿佛装满了心事。

一家人吃过早饭,收拾完毕,便准备去石龙门庄园陈家定亲。

按古老的塘河婚俗,媒婆到男女双方家游说,双方家长都觉得满意后,便开始做相(定婚),男方置办一些礼盒送到女方家就可以了。而现在的做相,和早些时候不太一样了。现在的做相,是在媒婆引见下,双方择一个吉日,女方的家人们到男方家去,由男方家摆酒水招待,饭后还有一些简单的仪式。

袁佳辉作为茶茶的哥哥,也理应一起去陈家。当他去铁匠铺找打铁嫂请假的时候,打铁嫂阴阳怪气儿地说:“我这一个月的工钱也没有看天数,大家都三天打鱼两天晒网的话,我这活儿还干不干了……也不能白吃干饭呀……你又不是什么正经的哥哥,不过是个压长的,不要把自己看得那么重要……如果真有那么重要的话,冯鹰就不会嫁给王憨包了……”

一向精打细算的打铁嫂,当然希望店铺里的伙计们一个月能干出三十二天活儿来。

一听打铁嫂这话,袁佳辉便知道她不想放自己走,他也只好不去了。何况,他觉得茶茶姐姐应该会去,碰到一块儿也不好。

其实,茶茶姐姐也不会去,她头一天给家里打过电话,她怕王富根在陈家添乱出丑,就不和大家一起去陈家了。

茶茶跟着外公外婆、爸爸妈妈来到了石龙门庄园。

大壮妈妈见茶茶他们到了，便冲着荔枝林喊："大壮，大壮——快回来，茶茶他们到了。"

正在荔枝树上摘荔枝吃的陈大壮，一个不留神，从荔枝树上掉了下来，屁股都差一点儿摔成了三瓣儿。

"胡子叔叔，走，去我们家，可热闹了。"陈大壮对胡子画家说。

这会儿，胡子画家正在看着远方发呆。他面前支起的那块画板上的那张画纸，一片空白。

"胡子叔叔，走，家里可热闹了。"陈大壮又扯了扯胡子画家的衣角，说。

胡子画家仿佛回过神来了，他问："今天你们家什么好日子？"

"嘿嘿，茶茶她们家来定亲。"陈大壮吐了吐舌头说，"妈妈准备了好多好吃的。"

"噢，他们一家人都要来吗？"胡子画家问。

"嗯，听说是全家都来。"陈大壮说。

"哦……"胡子画家顿了顿，说，"茶茶丫头很不错。你喜欢她吗？"

陈大壮想了想，说："我妈妈喜欢她。"

听了陈大壮的话，胡子画家差一点儿就笑了。不过，忧郁很快又回到了他的脸上，他说："大壮啊，茶茶很幸运，因为你不傻，而且你还很善良……"

陈大壮听不明白胡子画家的话。这会儿，大壮妈妈又在喊了："大壮，大壮——"

“胡子叔叔,记得来我们家吃午饭哦。”陈大壮一边说,一边把手上的一串荔枝放在胡子画家身边,便风一般地回家去了。

胡子叔叔望着陈大壮家的方向,无奈地摇了摇头,还重重地叹了一口气。

茶茶一家来到陈大壮家,刚坐好不一会儿,大壮妈妈便把一碗碗热腾腾的汤圆端到桌子上来了。这一带一直流传着一种习俗:姑娘第一次上门来,一定要吃汤圆,因为汤圆有黏性,把姑娘黏住就不走了。不能吃豆花,因为豆花需要用石磨来推,有句俗话叫“一推就掉”,婚事就谈不成了。

大壮爸爸在堂屋里陪着大家说话,其实,他也就是和茶茶的外公外婆说话,茶茶的爸爸妈妈通常是不说话的,茶茶也一直低着头,玩弄着自己的手指头,或者是看着自己的脚尖,数着布鞋上那朵绣花的针数。

大壮妈妈在厨房里忙开了。今天,她要拿出塘河九大碗来招待客人,今天这事绝对是他们家这些年来最大的事情,而且是喜事。

为了准备丰盛的塘河九大碗,大壮妈妈头一天便开始备料,做许多准备工作,今天早上四点多,她便起床来开始忙活。头碗大菜(酥肉粉条汤)、丸子、鱼、粉蒸肉、鸡、鸭、烧白、蹄膀、夹沙肉等,该有的都有。

大壮妈妈在厨房里忙活,大壮爸爸在堂屋里摆龙门阵。摆着摆着,大壮爸爸说:“我们家月娥贤惠哦,九大碗做得一等一得好。将来呀,希望我们大壮的媳妇也像月娥这样贤惠,还要会打水竹席,可不能只会绣朵花,再或者就是到处乱跑……”

大壮爸爸在唾沫横飞地说这话的时候，茶茶外婆脸上的表情比刚才严肃了些，茶茶外公倒还是“吧嗒吧嗒”地抽他的叶子烟，好像什么也没听到，茶茶爸爸妈妈和先前一样沉默着。

不过，茶茶妈妈可能因为抽叶子烟抽得猛了些，剧烈地咳嗽了起来。

一旁的茶茶，也如刚到时那样，低着头，看着脚尖，兴许还在数绣花鞋上的针脚……

茶茶外婆脸上的那一抹阴霾，很快便消散了，她非常得体地微笑着说：“姑娘家，是应该精通女红的，平时都需要做点针线，也不能哪样都往缝纫店跑。”

大壮爸爸也及时打住，没有把这个话题继续下去。在这有点冷场的关头，大壮爸爸干咳几声，说：“我们塘河的九大碗，可是声名远扬的哦，我编了首《九碗歌》，唱给大家逗逗乐。”

大壮爸爸说完，也不看大家的表情，便自顾自地唱了起来：

主人请我吃晌午，九碗装得碗碗足。
头碗酥肉粉条汤，二碗丸子好大坨。
三碗清蒸石斑鱼，四碗粉蒸粑噜噜。
五碗乌鸡天麻汤，六碗土鸭硬是补。
七碗烧白金灿灿，八碗蹄膀肥嘟嘟。
九碗夹沙糯糍滋，真是酒饱饭又足。

大壮爸爸把民间流传的《九碗歌》改编得恰到好处，正好应了今天家里做的九大碗。这歌也唱得很及时，他一唱完，大壮妈妈的九大碗也可以出笼了。

饭桌上,满是大壮爸爸的声音,原本喜欢摆龙门阵的茶茶外公,今天也没怎么开口说话,只是在听了大壮爸爸的龙门阵后,礼貌性地回几句,都很简单。大壮妈妈非常热情地给大家夹菜,添饭,招呼大家一定要吃好。

茶茶一家都吃得不多,兴许是因为吃得很有礼貌吧。让陈大壮觉得奇怪的是:茶茶根本就没怎么吃。这么一大桌美味儿,茶茶为什么不像自己一样狼吞虎咽地吃呢?陈大壮感到很纳闷。

陈大壮吃得很开心,虽然一大桌客人,但都是他认识的也很熟悉的人,所以,他也没有必要拘谨。何况,妈妈在昨天就很认真地告诉过他:“大壮啊,明天中午,你一定不要拘谨,一定要该吃多少就吃多少。”

“为什么啊?”陈大壮问妈妈。

以往有客人来的时候,如果大壮在饭桌上抢好吃的菜,妈妈会悄悄地踩他的脚,或者是掐他的大腿,提醒他不要抢,要拘礼一点儿。

“你如果不多吃一点儿,茶茶他们家会觉得你身体不好,觉得你有病,这样不好。”大壮妈妈说。

在塘河有这么一种看法:如果一个男子连吃饭都斯文,或者是根本就没多大的饭量,那么,他要么是一个有病的人,要么是一个即便没有病也没有大力气的人。

陈大壮今天的胃口也的确好,也的确得到了茶茶外婆的欢心。见陈大壮的身子一直弱,不像别的男孩一样壮,茶茶外婆担忧啊:茶茶姐姐嫁了个傻子,如果茶茶再嫁一个肩不能挑手不能提的病人,那可怎么办……陈大壮这么能吃，茶茶外婆先前的担忧少了许多。

吃饭快结束的时候，闯进来一个人，他不管三七二十一，扑到饭桌上，开始用手抓东西吃：抓起一坨酥肉塞进嘴里，又抓起几块粉蒸肉往嘴里塞，嘴里的还没来得及嚼，又抓起那只没太动过的蹄膀，往满是肉油的嘴里塞……

还在吃饭的人们一下子愣住了。

"富根，富根……"

这时候，又有一个人风风火火地跑来了，她一边喊着"富根"，一边上前去拉他，不让他继续抢饭桌上的东西。

"婆娘，好吃……"那人举着蹄膀，对后来的人说。

先来的是王富根，后面赶来的是茶茶姐姐。

见眼前这般情形，茶茶一家的脸上，都显出尴尬的神情。尤其是茶茶外婆，她在暗中观察大壮爸爸妈妈的脸色。还好，大壮爸爸妈妈在茶茶家人阻止王富根抢东西吃的时候，没有表现出别样的神情来，大壮爸爸还说："月娥，添两副碗筷。"大壮妈妈赶紧从厨房里拿出两副碗筷来。对茶茶姐姐说："鹰儿啊，你们还没有吃午饭吧，坐下来慢慢吃。"

茶茶姐姐和王富根的确没有吃午饭，但茶茶姐姐赶往这里，不是来吃午饭的。

今天，茶茶姐姐原本只想待在家里，管好王富根，哪里也不去。可是王富根非要来老街买米酒喝，他在喝酒的时候，有人对他说："王憨包，今天石龙门庄园陈家做相，要娶你家小姨妹，你怎么不跟去吃好的喝好的？肯定有九大碗，好吃哦……"

王富根虽然有些傻，但镇上哪家住哪里，哪些东西好吃，他可是清楚又明白。听了那人的话，王富根不管不顾地朝石龙门庄园陈家跑去，好像从来没有见他这么麻利过。

路上，茶茶姐姐拉住他，想把他拉回去，不想让他去陈家出丑。可是，王富根力气大，他使劲一挣一甩，便把茶茶姐姐甩到土坡下面去了。茶茶姐姐好不容易爬起来，揉了揉被摔疼了的胳膊，又赶紧追王富根，一路追到了陈大壮家，发生了刚才的一幕。

住在隔壁的胡子画家，听到了大壮家的声音，听到了王富根不停地说“婆娘，好吃”，他叹息着，摇了摇头。原本，大壮爸妈邀请胡子画家过来吃午饭，但画家说中午要外出，没有过去吃饭，把自己关在屋里看书。

胡子画家第一次来到古镇的时候，茶茶姐姐还只有茶茶这么大。胡子画家给茶茶姐姐画过一幅画后，便决定在石龙门庄园住下来。他自己也说不明白，自己当年留下来住了几个月，还有后来每过一段时间都要来住几个月，是不是和茶茶姐姐有关。胡子画家第一次给茶茶姐姐画的那幅画，他一直珍藏着，有一年，在他生活最为艰难的时候，有人出高价买这幅画，他也没有卖。

胡子画家第二次来古镇采风的时候，那是一个油菜花开满山野的时节，他正巧遇见生病的茶茶姐姐。茶茶姐姐到处疯跑，特别喜欢跑进油菜花丛中，摘许多油菜花，插在头上，插在口袋里，或者在油菜花丛中唱歌，跳舞……胡子画家爱怜地看着茶茶姐姐，远远地跟着她，担心她遇上什么危险……

每一次来这里，胡子画家都要为茶茶姐姐画一幅画，拿回去珍藏。

“哎呀呀，我看双方对这门亲事都没什么意见了，哈哈哈！”孙媒婆那夸张的笑声，把胡子画家从记忆中拉了回来。

现在，已经听不到王富根的声音了。王富根狠狠地吃了一通后，连嘴上的油都没有抹一下，便跑了。

“陈家是大家族啊，这石龙门庄园有多气派，陈家就有多气派。”孙媒婆说，“老茶家也是我们古镇上的大家族，生意做得好，子女教养得好，家风好，人品正……”

孙媒婆那两片涂着鲜艳口红的嘴唇，不停地翻动着，仿佛永远也翻不累。

陈大壮不说话，只是摆弄着他摘回来的那些荔枝，要么摆成各种图案，要么一边啃着荔枝壳一边吃着荔枝肉。茶茶依旧盯着脚尖，细数着绣花鞋上的那些针眼儿。

接下来，在孙媒婆的主持下茶茶和陈大壮给双方的父母磕了头。按照婚俗，女方在给男方长辈磕头的时候，每一位长辈都要给红包，男方在给女方长辈磕头的时候，女方长辈则不需要给红包。

“扑通——”

令大家想不到的是，茶茶竟然跪在堂屋中间，不起来了。

先是孙媒婆劝，然后是茶茶外婆劝，茶茶妈妈也来劝……但不管大家怎么劝，茶茶就是不起来。

“哎呀呀，这姑娘心诚啊，看来是认定这大门大户的陈家了。”孙媒婆打着圆场。

陈大壮好像知道茶茶的心思，让他给茶茶的长辈磕头的时候，

他躲进自己的房间里大声说:“我不要,我不要……”怎么劝也不出来。

“孩子小,不懂事,长大就好了。”茶茶外婆微笑着说。

“是是是,大壮和茶茶都小,等他们长大了,就好了。”大壮妈妈也赔着笑。

茶茶起身的时候,看见了外婆那哀怨的眼睛。外婆一招手,茶茶便坐到了外婆身边。外婆悄声对茶茶说:“丫头啊,外婆都是为你好……”

其实,茶茶是不愿意到陈大壮家来的。

昨天晚上,茶茶外婆把那件崭新的旗袍放在了茶茶的床头。茶茶一想到第二天要去陈大壮家,便像烙饼一样,翻来覆去睡不着觉。她起身来,瞪着床头那件崭新的旗袍发愣。突然,茶茶找来剪刀,对着那件崭新的旗袍,一阵疯剪……终于把它剪成了碎片。茶茶想:现在,没有新衣服,是不是就可以不去陈大壮家定亲了呢?

今天早上,茶茶也早早地起了床,望着地上的那些布片儿,茶茶不敢下楼来给外婆摆生葵花子,她不知道该怎么面对辛苦做旗袍的外婆,以至于茶茶外婆在洗漱过后没有拿到生葵花子。吃过早饭,茶茶外婆在催茶茶换衣服出发的时候,才发现那件旗袍已经成碎片儿了。外婆又拿出一件小蓝花的旗袍来,让茶茶换上。原来,外婆给茶茶新做了两件旗袍,一件是蓝花,一件是红花,外婆之所以让茶茶穿红花小旗袍去陈大壮家,是觉得今天应该喜庆一点。

在处婆的监督下,茶茶只好换上蓝花小旗袍。

为了表示不满,或者是为了让陈大壮家看不上自己,茶茶有意把绣花鞋穿反,故意把旗袍的盘扣扣错。可是,刚出家门,这些便都被外婆发现,给纠正过来了。快到陈大壮家的时候,茶茶又故意把盘扣扣错,还故意摔了一跤,她想把自己弄得灰头土脸的,让陈大壮的爸爸妈妈不喜欢自己。

然而,这些都没有起到作用。在进陈大壮家的大门前,外婆把茶茶从头到脚打量了一遍,也把她从头到脚收拾了一遍,才把这个清清爽爽的小姑娘带进了陈大壮家。

离开陈大壮家的时候,大壮妈妈拿出早就备好的冰糖、白酒、毛巾等,每个长辈都有一份,放在一个背篓里,让茶茶爸爸背回家。大壮妈妈还拿出一只玉手镯,说是当年大壮奶奶给她的,现在送给了茶茶。

回家的路上,茶茶外婆一边走,一边快乐地回忆着当年茶茶姐姐去王富根家做相的情形。其实,那情形大家都知道,但她还是想再说一遍:“当年到富根家做相,老天爷也赞同这门亲事,天气很好,人家也热情周到,老先人有句话说得好:‘出门看天色,进门看脸色。’天色脸色都好,说明缘分到了……我们鹰儿嫁过去后,病也好了,她婆婆对她也好,还能当得了他们的家做得了他们的主……”

茶茶却在心里嘀咕:姐姐说过了,他们家根本就没有闲钱,当那个家当得很辛苦,还要想办法省钱买油盐……

茶茶的嘀咕,也不是没有缘由的。茶茶姐姐回家来,没有少流泪,只不过没有让家里的长辈看见而已。茶茶碰见过几次,她很心疼姐姐。姐姐对茶茶说:“妹啊,将来你一定要寻一个好夫家,至少人要结实要能干活儿,能帮你分忧……”姐姐时常是说着说着,又泣

不成声了。茶茶姐姐还叮嘱茶茶:“妹啊,不要把这些告诉给外公外婆还有爸爸妈妈,我不想让他们难过……”

一路上,茶茶外公和茶茶爸爸妈妈也不说话,都在有心无心地听着外婆絮叨着陈年往事。茶茶却一直用手护着戴在腕上的那只手镯。这只手镯对茶茶来说,真是大了点,茶茶老是觉得它会掉到地上摔坏,心里很不踏实。其实,有一会儿,茶茶还真把手镯取下来了,还想把它摔到地上摔坏,但她又害怕看见外婆那哀怨的眼神,还害怕这只手镯太贵,家里赔不起那么多的钱……

回到家里,茶茶做的第一件事情,便是跑进房间里,把手镯取下来,放进了抽屉里。

当茶茶拿出暑假作业来准备开始做的时候,老街上打铁嫂的声音飘到了楼上:“哎呀呀,快点儿去喊秦草药……真是的,大锤不长眼睛,人都不长眼睛啊……”

一听这声音,茶茶便知道,十有八九是“张打铁”铺子里有谁被铁锤砸到了。

果然不假。不一会儿,茶茶便听到外婆焦急的声音:“这怎么了得?怎么了得?砸出个三长两短来,将来还走不走路了?”

“老茶婆啊,这可怨不得我们啊。”打铁嫂大声说,“袁佳辉自己拿着铁锤砸自己的脚,这医药费,怕是不该由我们来付吧?”

“啊,是佳辉哥受伤了……”茶茶一急,扔了笔,飞一般地跑下楼,跑出大厅,跑出院子,跑到了“张打铁”铺子外。

秦草药来了,后面跟着茶茶爸爸,是他去把秦草药请来的。秦草药和茶茶爸爸都神色匆匆地进了铁匠铺。

这时候,铁匠铺门外已经围满了前来看热闹的人。

“打个铁,有什么好看的?想进来敲几锤的话,完全可以。”打铁嫂挥着一把小铁锤,对门外的人们说,“哪个有本事,就锤断一条腿来大家看看……”

大家都知道打铁嫂是不好惹的,再围观下去,指不定会从她嘴里说出多么恶毒的话来呢,于是,大家便渐渐散去。

“佳辉啊,我这店铺里也没有安装摄像头,你可要凭良心哟,这医药费,和我们铁匠铺没有半点儿关系。将来要是残了,我们可负不起这责啊……”打铁嫂对袁佳辉说了后,又对茶茶外婆说,“老茶婆啊,你也是明眼人,想来也不会赖我们这些靠赚点小钱过日子的人。”

茶茶外婆不和打铁嫂计较这些,她微笑着说:“安英(打铁嫂原名沈安英),只要不是你亲手把佳辉掐背气的,我们都不会赖上你,你就放一百个心。”

“哈哈哈!老茶婆,你真会开玩笑,你就是借我一百个胆,我沈安英也不敢这么做。”打铁嫂说。

秦草药把袁佳辉的伤处理好后,便离开了“张打铁”店铺。

袁佳辉本想硬撑着做事,但受伤处实在是钻心地疼,便只好回家休息。

做事一向谨慎的袁佳辉,怎么会挥着大铁锤往自己的脚上砸呢?原来,在袁佳辉专心打铁的时候,茶茶姐姐和王富根从老街上经过,王富根正要把一个剥开的香粽放进嘴里啃,茶茶姐姐赶紧抓住他的手,说:“富根,少吃点,少吃点,吃多了拉肚子……”

可是，王富根哪里肯依，他使劲地推了茶茶姐姐一把，茶茶姐姐倒在地上，头撞到了石头上。这一幕，正巧被袁佳辉看在眼里，他一急，一不留神，挥起来要打铁的大铁锤，便砸在了自己的脚上……

袁佳辉躺在床上，思绪万千。

当年，袁佳辉的婆还在的时候，也托孙媒婆到茶茶家来提过亲，也做过相。做相那天，茶茶一家都到袁佳辉家，袁佳辉的婆做了非常丰盛的饭菜来招待茶茶一家，还有孙媒婆。那时候，袁佳辉以为，自己很快就可以和茶茶姐姐成亲了。从小，袁佳辉便在茶茶家里以长子的身份进出，和茶茶姐姐一起长大，感情非常好。后来，因外人的一句“这两人真是天生的一对”，点醒了双方长辈，他们便开始把他俩的终身大事提到桌面上来谈，这让袁佳辉和茶茶姐姐都感到特别开心。虽然，茶茶姐姐从十五岁开始年年在油菜花开时节发病，但袁佳辉从来没有嫌弃过她，并且在心中发誓：一定要好好地照顾她一辈子。

可是开庚的时候，拿了双方的八字请八字先生合，八字先生却摇了摇头，说：“不合，不合，不合啊……”

这几声“不合”，是袁佳辉永远的痛。

后来，茶茶姐姐去王富根家做相的时候，茶茶外婆也让袁佳辉以哥哥的身份去，为了茶茶姐姐的幸福，他也硬着头皮去了。可是，在王家，袁佳辉见到了王富根的种种憨傻行为，他真是心疼茶茶姐姐……

“妈，婆娘来了……”王富根对他妈妈说。

“你也懂婆娘，不要乱说。”王富根的妈妈在王富根的耳边说。

“他们说的，婆娘，婆娘，嘿嘿……”王富根傻傻地笑着。

吃饭的时候，王富根根本不管饭桌上有些什么客人，只管挑自己喜欢吃的，用手抓，或直接把盘子端到面前，吃得满嘴流油……

看到这些，袁佳辉的心都碎了：这么好的一个妹妹，还是自己心仪的姑娘，就要嫁给这个傻子王富根了……

“婆娘，我要吃。”又是王富根的声音，把袁佳辉从回忆中拉了回来。

王富根跑到茶茶家来了，他虽然傻，却知道厨房在哪里。他直接跑进厨房，打开橱柜，开始找吃的。唉，既然进了自家的屋，也没有人会笑话，就让他翻吧，让他吃吧。

茶茶姐姐坐在大厅里，和外婆说话。

“鹰儿啊，吃穿用度，还够吧？”外婆问。

“还够。”茶茶姐姐说。

“那就好。你那婆婆是个心善的人，你命中注定要遇到好人。”外婆说。

“嗯。”茶茶姐姐应道。

“丫头啊，你婆婆是好人，你要好好孝敬她，也要好好照顾富根，这是你这个当媳妇的职责。”外婆说。

“嗯。”

其实，此刻，茶茶姐姐很想劝劝外婆，不要这么早就给茶茶定亲，婚姻大事应该由茶茶将来长大后自己做主……可是，她不知道

该怎样对外婆说，何况，她也知道，外婆也是为茶茶好，就像当初是为了自己好一样。

“鹰儿啊，去看看佳辉吧。”外婆说。

“嗯。”茶茶姐姐说完，便起身来，朝楼上袁佳辉的房间走去。

茶茶姐姐一边走一边在心里问自己：如果自己当初嫁给了佳辉，是不是真的会像以前一样每到油菜花开时节都会发病？如果阻拦妹妹和大壮定亲，妹妹是不是也会发病？茶茶姐姐在心里祈祷：希望茶茶妹一切安好，希望妹妹过得比我好……

袁佳辉的房间门开着，茶茶姐姐站在门口，不知道该不该进去，也不知道该对他说点儿什么……

第三章

开庚

1

定亲过后,茶茶发了几天呆。再后来,她想通了,告诉自己:反正离真正的结婚还早,怕什么怕?不去想这件事,把它忘掉,忘掉!

镇里镇外,因为各种各样的原因,按古时候的老规矩定娃娃亲的也不少,这样的娃娃亲,往往是长辈们的一厢情愿。长大后,有极少部分娃娃亲成事实,更多的娃娃亲,随着时间的推移和大家观念的转变,不解自散。

茶茶便这样安慰自己:这门亲事,迟早会被解约的。

茶茶在做了作业做了家务后,便跟着外婆学绣花。茶茶绣了几个精致的钱夹子,摆在外婆摆绣品的那个博古架上,竟然卖出了好价钱。你看,这最后一个钱夹子,也被顾客拿起来了。

"呀,绣得好精致哦。"那个长头发姑娘赞美道。

"是很精致,买回去吧。"姑娘身旁的小伙子说。

"可是,如果用它来装钱的话,小了点儿。"姑娘说。

"小得正好啊,太大了,就不显精致了。"小伙子说。

"嗯,我把它买回去,摆在博古架上,也一定漂亮。"姑娘说。

……

姑娘买走了最后一个钱夹子,茶茶感到非常开心。

卖钱夹子的钱,茶茶一分不少地存了起来。以前,茶茶外婆从来没有见过茶茶这样爱钱,她笑着说:"丫头,什么时候变成小财迷了?"

“嘿嘿……”茶茶不好意思地笑了。

“丫头，是不是有什么用钱的地方，不好意思说啊？”茶茶外婆问。

“没有。”茶茶说。

“那为什么这样宝贝钱？”茶茶外婆问。

“我要把这些钱存起来，给佳辉哥哥准备接妆。”茶茶的声音很小，她以为外婆听不见。

茶茶外婆还是听见了，她笑着说：“我的傻丫头哎，你这点钱，哪够置办接妆的钱啊。”

“嗯，手表啊，手机啊，项链啊，那些都很贵，我肯定买不起。”茶茶说，“我可以给新嫂子买两把木梳，这样应该够了吧。”

“够够够！”外婆乐呵呵地说，“茶丫头还真是对你佳辉哥好啊！”

茶茶外婆说完，又开始打理她的博古架。

茶茶外婆先是把博古架上的那些物件重新摆放整齐，因为顾客们在挑选的时候，总是会从这里拿下来，再放回去的时候，就挪地儿了。茶茶外婆对放置东西的要求很高，她经常告诉茶茶：“丫头啊，东西是从哪里拿下来的，用了就要放回到哪里去。你不按原地儿放回去，再要用它的时候，便不好找了……”

博古架上，摆着茶茶外婆做的千层底布鞋、盘扣小旗袍、对襟衬衫、挽好的麻团儿等，这一件件作品，都浸润着茶茶外婆的心血，都堪称工艺品。茶茶外婆每抚摸到一件作品，都好像在抚摸着自己的儿女，都好像在抚摸着如茶茶一般可爱的外孙女儿，她的眼里写满了爱与幸福。

把一件件作品摆放整齐后，茶茶外婆拿起羊毛刷，轻轻地扫着博古架上的灰尘，她扫得很轻很轻，仿佛害怕惊扰了她的儿女们、她的外孙女儿们的梦一般。

和茶茶不一样的是，定亲那天，自从茶茶一家人离开石龙门庄园，陈大壮便跟忘了定亲这回事一样，依旧爬到荔枝树上摘荔枝吃，依旧用弹弓把荔枝核打得到处都是，依旧带着胡子画家撑竹排，依旧过他平常的快乐生活……

“大壮，大壮……”大壮妈妈呼喊着陈大壮。

“哎——”陈大壮还算是一个听话的孩子，不管他玩儿得多带劲儿，只要听到爸爸妈妈的呼唤，他一定会应答。

陈大壮从荔枝林中跑出来，一溜烟来到了自家的院坝里。

“来，添磨。”妈妈一边清洗着石磨一边说。

大壮妈妈要做石磨豆花了，在推石磨磨豆花的时候，她需要有人帮忙。大壮爸爸吃过早饭，便朝老街走。大壮妈妈在后面喊：“哎，帮我推一下磨啊。”

“大壮在，他帮你添磨。”大壮爸爸头也不回地走了，他走得很快，转眼就不见了人影儿。

平常，陈大壮上学期间，都是大壮爸爸帮大壮妈妈推磨。一旦陈大壮放假在家，大壮爸爸便把这个任务交给陈大壮，自顾自地逍遥去了。

大壮妈妈早上起床的时候，便用温水泡了黄豆。这会儿，黄豆已经被泡了两个多小时，可以磨豆浆了。

陈大壮家的那个老石磨到底有多老，谁也说不清楚。前些年，大壮妈妈请石匠来打磨过一次磨盘,这石磨又像新的一样好用了。陈大壮不喜欢这个古老的家伙,因为它会时不时地把大壮的手给撞一下,而且一旦撞上,就非常疼。

“大壮,少添些黄豆。”妈妈一边推磨一边提醒陈大壮。

大壮喜欢一次舀许多黄豆添进磨眼里,这样,他就可以早早地添完磨。往石磨的磨眼儿里添黄豆,也是有讲究的,黄豆应该添多少,水应该添多少,推多少转才开始添,这些都直接决定了豆花的多少以及豆花的口味。

“大壮,多添点儿水。”妈妈一边推磨一边提醒陈大壮。

经常推磨的人,能从石磨推起来的重量知道添磨人添的水是多了还是少了。如果水添少了,推起来就会费劲一些。推豆花的时候,添进磨眼儿的黄豆要不多不少,加的水也要不多不少,推出来的豆浆的黏稠度才会刚刚好,这样才能做出好豆花来。

“呀——”陈大壮尖叫一声,把手缩了回来。

“做事要专心。”大壮妈妈说。

原来,陈大壮一不小心,被妈妈推过来的磨架打了手。

陈大壮这手,在添磨的时候不知道被磨架打过多少次了,这也是他不喜欢这石磨的原因。

陈大壮和妈妈在磨豆花的时候,胡子画家在院坝外支起画板,为这一对母子画画,他喜欢把这些生活的场景画在纸上。大壮妈妈知道胡子画家在画他们,但她不介意,她已经习惯了被胡子画家画到纸上。有时候,她还会凑过去,看一看胡子画家的画,还会红着脸说一句:“我哪有画上好看啊……”

浆已经磨好，接下来，大壮妈妈要开始过滤浆了。

磨好的浆，有两种过滤法。一种是把浆加热，沸腾后再滤，这叫熟浆法。熟浆法烧出来的浆适合做豆腐干、老豆腐等。一种是把刚滤好的浆直接滤去豆渣，再把豆浆加热到沸腾，这种叫生浆法。生浆法烧出来的浆适合做嫩豆腐。

过滤豆浆，也是一门技术活。大壮妈妈滤豆浆的方法通常有两种。

一种是挤压法，把磨出来的浆倒进一个布袋里，不断挤压，加水，挤压……如此反复，剩在布袋里的，就是豆渣了。浆比较少的时候，适合用挤压法。

一种是吊滤法。把一块滤布的四个角分别系在吊架四角上，滤布就形成了一个袋状，把磨好的浆倒进袋状的滤布里，两手分别扶着滤架的一角，不停地摇动，让浆在滤布里不停地滚动，豆浆流出来，流进了接在滤布下方的盆或桶里，豆渣便留在了滤布里。在过滤的过程中，同样要加几次清水。浆较多的时候，大壮妈妈便喜欢用这种滤法。

陈大壮不喜欢添磨，但他喜欢滤豆浆。在他看来，手摇滤架，看豆浆从滤布里流进盆或桶里，是一件很有意思的事情。有时候，一不小心，摇动的幅度大起来，豆浆便流到了地上，大壮也会觉得很好玩儿，虽然要被妈妈骂几句，但他觉得很值。

锅里的豆浆已经熬熟了。

“大壮，给你胡子叔叔端一碗豆浆去。”大壮妈妈在厨房里喊。

通常，大壮妈妈只要知道胡子画家在家里，她都会为他准备一碗豆浆,她知道胡子画家喜欢吃豆浆,而且不加糖。如果陈大壮不在家,大壮妈妈便会把豆浆端到院坝边,然后喊道:“兄弟,来尝尝豆浆。”胡子画家便会从屋里出来,接过豆浆,道声谢,回屋去慢慢品尝。

大壮妈妈可是点豆花的好手。她知道卤水要加多少,知道锅铲在豆浆里搅拌时所需要的深浅和轻重,知道什么时候可以压豆花了。压豆花也是一门技术。把筲箕轻轻地放在点好团儿的豆花上,轻轻地压,同时将上面的清水舀出锅,用力要不大不小,压的时间要不长不短,压出来的豆花才既嫩又能用筷子夹起来。

暑假是旅游旺季,到塘河古镇来旅游的外地人非常多,石龙门庄园也算是一个重要的旅游景点,所以,大壮妈妈的“天和豆花饭”饭庄,生意也很不错,除了卖豆花和一些家常菜,她抽空打的水竹席也非常好卖,总是刚打好就被客人买走了。

虽然大壮爸爸不管家里的事,陈大壮却愿意成为妈妈的小帮手。妈妈不忙的时候,大壮便在附近玩耍,一旦听到妈妈的呼唤,他会飞奔回家,看妈妈需要自己做什么。生意特别好的时候,大壮会帮妈妈洗菜,上菜,算账,收钱,等等。

在妈妈不太忙的时候,陈大壮会撑着竹排,带着胡子画家去写生。

这一天,胡子画家像往常一样,在竹排上发呆。他静静地望着远方,不知道他是在望远方的建筑,还是在望远方的青山。

“胡子叔叔,你看。”陈大壮扯了扯胡子画家的胳膊。

一个身影,从东水门出来,踩着青石板,一步步地朝东码头走来。

是茶茶姐姐,她到东码头来洗被子。她刚把被子用肥皂抹了一遍,王富根便跟来了,他一边走一边喊:“婆娘,我要吃……”王富根在说这话的时候,手里还拿着一个玉米棒子在啃。

茶茶姐姐抬起头来,指了指旁边的一块石头,对王富根说:“富根,你坐在这里,等我洗好就回去。”

王富根果然听话,他坐在那块石头上,啃着玉米棒子。他啃得很快,不一会儿便把玉米棒子啃完了。当然,掉在地上的玉米粒儿,肯定比进他嘴里的多。

“嘻嘻嘻——”王富根开始朝茶茶姐姐浇水。

“富根,不要浇,不要把我弄湿了。”茶茶姐姐一边说,一边用手挡住头。

眼见着茶茶姐姐的头上、身上都全是水,王富根大笑起来:“嘻嘻嘻——”

面对王富根的捣乱,茶茶姐姐并没有生气,只是加快了洗被子的速度,她想赶紧离开这里。

竹排上,胡子画家在作画,他要把茶茶姐姐洗被子的情景画进画里。这幅画,胡子画家一定会珍藏,就像以前他为茶茶姐姐画的画一样,哪怕自己穷到连颜料都买不起了,也不会卖掉画有茶茶姐姐的画。

端午节后,塘河古镇安静了一些日子,而今,又渐渐热闹起来了。

一年一度的为期三天的川主庙会,又要举行了。有些远道而来的游客,早早地住进了旅店,他们担心来晚了便住不到旅店。

川主庙会在塘河古镇的清源宫举行。清源宫里供奉着川主菩萨李冰父子，农历六月二十四日是治水先圣李冰的生日，每年，在这位治水先圣的生日前后，人们便会在清源宫里组织祭奠活动，也就是川主庙会。清源宫始建于光绪十三年，经历了历史的沧桑后，清源宫原本只剩下断壁残垣，后来，塘河古镇根据历史资料上的文字和图片，让清源宫恢复了原貌。气势宏伟的清源宫，青砖碧瓦，彩饰浮雕，细腻逼真，华丽大方，集民俗文化、影视拍摄和休闲旅游于一体。在庙会期间，人们可以到清源宫里烧香礼佛，看川剧变脸，赏塘河灯夹戏，听塘河吹打，体验古镇的民风民俗。勤劳热情的古镇人们，还会准备二三百桌筵席，摆出古镇九大碗，让前来参加庙会的人们品尝到地道的农家菜。筵席所需要的食材，基本是由古镇人家自筹，有米的出米，有菜的出菜，有肉的出肉，有钱的出钱，有力的出力……总之，在这种时候，古镇人家都非常慷慨，他们都希望客人们通过美味的九大碗，体验到古镇人的热情。

庙会第一天，茶茶姐姐带着王富根来了，茶茶姐姐的婆婆——人称王幺嫂的，也一同来到了清源宫。

“王幺嫂，好久没有看到你了。”有人说。

“是啊。家里穷事多。”王幺嫂说。

“是来给王富根烧香许愿的吧？还望早早地生个大胖小子啊。”那人说。

“嗯，来凑凑热闹。”王幺嫂说。

……

王幺嫂的确是来给她的傻儿子王富根许愿的，每年庙会，她都

会来清源宫,非常虔诚地许下自己的愿意:希望家里添人进口,添一个大胖孙子。

大壮妈妈也带着陈大壮来烧香许愿,她的愿望很简单:希望陈大壮能身强体壮地长大。

茶茶来看姐姐的时候,正巧被大壮妈妈看见,大壮妈妈非要拉着茶茶,让她和陈大壮一起烧香磕头。茶茶觉得很别扭,她极不情愿,很难为情地想挣脱大壮妈妈的手,可是,她力气不够,怎么也挣不脱。眼见着茶茶就要被大壮妈妈拉到陈大壮这边来了,陈大壮假装摔倒,碰到门槛石上,还叫了起来:“哎哟——哎哟——”

大壮妈妈赶紧丢下茶茶,去照顾陈大壮:“大壮,怎么了?让我看看,摔破头没有……”

茶茶从大壮妈妈的手中逃掉后,躲进了拥挤的人群里。她想:我知道陈大壮在救我,他已经不止一次救过我了……唉,我们家要是有这么一个弟弟就好了……

在茶茶躲避大壮妈妈的时候,茶茶姐姐发现王富根不见了。

茶茶姐姐急坏了,大街小巷这么多人,丢了一个傻子,到哪里去找呢?万一他惹了别人,或者是别人惹了他,那可怎么办?茶茶和姐姐非常着急地寻找着王富根,她们找得非常仔细,连人家店铺的椅子底下也不放过。

“嗬——不要偷吃酥肉!”有人大声喊。

“哎呀,王憨包,你这不是害我吗?知道的认为是你偷吃了,不知道的,还以为是我偷拿回家去了。王憨包,快走快走!不要待在这里。”又有人大声吼道。

……

茶茶和姐姐都听到了吼声，她们挤过拥堵的人流，来到了人家吼王富根的地方：王富根蜷缩在案板底下，嘴里塞满了酥肉，手里还捏着几大坨……

“富根，出来，我们回家。”茶茶姐姐哄着王富根。

“不。”王富根不出来。

“富根，回家吃好的。”茶茶姐姐耐心地说。

“还要，好吃。”王富根还是不出来。

“富根，天黑了，回家睡觉。”茶茶姐姐小声说，那声音，只有她和王富根能听得见。

“婆娘，我要瞌睡，嘿嘿——”王富根笑了，他从案板底下爬了出来，拖着茶茶姐姐，想快些走，却又摔了个狗啃泥。

“哈哈哈——”那些正在置办筵席的人们，大声哄笑起来。

眼前的情形，让茶茶全身起鸡皮疙瘩，她想：姐姐生活得太不容易了……她怎么会遇上这样一个王富根啊……要是我将来也发了病，是不是也会嫁给像王富根这样的人？那样的话，还不如嫁给陈大壮呢……

茶茶觉得自己想了不该想的事，她使劲儿地掐了一下自己的脸，在心里骂道：死茶茶，你在想些啥？

川主庙会的第二天，清源宫里里外外依旧热闹，烧香礼佛的、看塘河灯夹戏的、买塘河特产的……大街小巷，人来人往，熙熙攘攘，每一块青石板上，都布满了人们的脚印。

看川剧变脸，依旧是川主庙会的重要节目。

变脸表演大师的技艺真是高超:一个转身,变一张脸;一个拂袖,变一张脸;扇子一扇,变一张脸……表演大师在台上表演了一会儿,又走下台来,来到观众中表演变脸。

“哈哈哈——哈哈哈——”

突然,观众们一阵哄笑。变脸大师以为自己变脸失败,正有点着急的时候,却发现观众们并没有看自己,都往台上看。变脸大师变换了一个动作,也朝台上望去——

天啊,台上站着一个人,正在啃着一根骨头,那憨样儿,惹得台下的观众们哈哈大笑。

“王憨包,你也上台去变脸了呀?”

“我还以为小丑出场了呢。”

“傻不拉叽的王憨包,也想当演员。”

“我看他就不傻,知道往台上蹿。”

“王憨包,你这下出名了哦。”

“哈哈哈——”

……

茶茶姐姐十分焦急地寻找的王富根,竟然跑到台上去了,惹得观众们大笑不已。

庙会期间,茶茶妈妈一般是上午卖菜,下午和傍晚都去乞讨。其实,她在意的不是能讨到多少钱,而是那份热闹中的快乐。她还是那些行头:一个小木盆,十余张面值为一元的纸币,几枚硬币,一把破旧的折扇,一根烟杆儿。她头上的那两朵花,换了两朵新的,兴许是为这节日专门换的吧?这两朵花,还是一红一绿,只是比之前

那两朵更大更鲜艳,就连她抽一口叶子烟那么细微的动作,头上的那两朵花也要颤动几下。

今天,茶茶妈妈乞讨的收获特别大。那些游客都觉得茶茶妈妈有趣:她抽着一般女人不抽的叶子烟,她唱着一般女人不唱的小曲儿,她说着一般女人不说的特别脏特别粗的话,再加上她头上顶着一般女人都不会用的两朵大花……前来和她搭讪的游客非常多,有些人想看她抽叶子烟,有些人想听她唱几句,有些人想听她骂几句,有些人纯粹就是想来拍几张人物特写……这些游客中,大部分都是讲诚信的,他们觉得茶茶妈妈付出了劳动(暂且把她的这种展示叫劳动吧),就应该得到相应的回报,何况,这回报都是大家自愿的,也没有个底价。于是,茶茶妈妈那个小木盆里的纸币和硬币很快就堆成了一座小山。

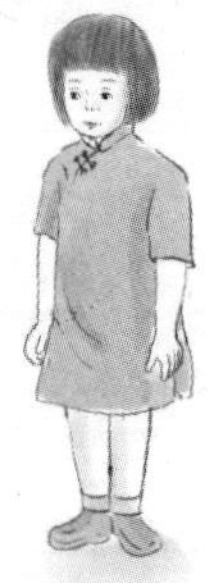

那些馋嘴的孩子们，早就围在茶茶妈妈身边，等着吃一根棒棒糖、一串冰糖葫芦或是一坨棉花糖……

茶茶在不远处看着妈妈。

陈大壮在不远处看着茶茶。他不是不想靠近茶茶，而是害怕别人说他有媳妇了。

这时候，一个乞丐——真正的乞丐，趁茶茶妈妈不注意，端起茶茶妈妈那个装钱的小木盆，拔腿就跑。

“嘿——小偷！”有人喊道。

茶茶妈妈回过神来，把嘴里的烟杆儿拿出来，朝小偷扔去，嘴里骂道：“狗日的龟儿子，抢老子的钱——”

茶茶妈妈对那群嘴里还吃着她的东西的小孩子们说：“快，去给我追回来。”

“他会打人。”

“他很凶。”

“我们打不过他。”

……

天哪，这群只会吃东西的小家伙，在关键时刻，竟然都不敢上前去，气得茶茶妈妈干瞪眼。当然，说这些话的，都是些还没有上小学的小屁孩儿。真正大一些的孩子，还是飞快地冲出去，准备去逮住那个抢钱的乞丐。

茶茶也想替妈妈追那个抢钱的乞丐，可是她又有些害怕，因为她见过那个乞丐凶神恶煞的样子。

很不幸的是，那个乞丐遇上了陈大壮。

之前，陈大壮坐在较高的地方，看着茶茶和茶茶妈妈，乞丐抢钱这一幕，他完全看在眼里。当乞丐逃跑的时候，陈大壮便从高处冲下来，正好迎上乞丐。陈大壮当然不敢硬从乞丐手中抢过茶茶妈妈那装有钱的小木盆，他蹲下身来，伸出一条腿……

“扑通——”乞丐摔倒了，小木盆翻在地上，里面的纸币和硬币都摔了出来，撒了一地。

“捡钱了，捡钱了——”有人大喊。

“那是妖精十八怪的钱，你们也敢抢？”不知道是谁说了一句。

“赶紧帮男人婆把小偷抓住。”有人喊道。

有几个人正想上前去抓住乞丐的时候，茶茶妈妈也跑来了，她飞快地扑上去，骑在乞丐身上，大喊：“我看你狗日的龟儿子还抢不抢老子的钱……”

乞丐想翻身，想挣脱茶茶妈妈的控制，可是他根本动不了。

“哈哈哈，落在男人婆的手里，你死定了。”

“这家伙胆子不小，竟然敢抢妖精十八怪的钱，不要命了。”

“抢钱也要选个黄道吉日，不然的话，撞上冯大嫂，没有路可跑。”

“哈哈哈！”

……

大家七嘴八舌地说着。

茶茶妈妈死死地抓住乞丐的头发，狠狠地问：“还抢不抢？还抢不抢？”

乞丐疼得直咧嘴，他很痛苦地说：“我饿了，我饿啊……快饿死了……呜呜呜——”

乞丐竟然哭了起来。

茶茶妈妈起身来,开始找她的小木盆。

“给。”一个小男孩把装着钱的小木盆递到茶茶妈妈面前。

原来,这些被茶茶妈妈用美食喂养过的小孩子,在茶茶妈妈骑在乞丐身上的时候,已经把撒在地上的零钱都捡起来,放进了小木盆里。

乞丐并没有趁这个机会逃跑,他继续趴在地上,仿佛在等待着这个头上戴着两朵大花的男人婆处置他。

茶茶妈妈端着小木盆,看了看乞丐,然后做了一个让大家想不到的动作:

“哗啦啦——”茶茶妈妈把小木盆里的钱,全部倒在了乞丐的身边,然后说:“拿去买吃的。”

茶茶妈妈转身走了,留下那群馋嘴的孩子,呆呆地望着乞丐捡钱。哎,原本应该是他们的美食钱,现在成了乞丐的钱,他们感到很无奈。

2

依塘河婚俗,做相后,即是开庚。

该不该开庚,成了茶茶外婆的一件心事。开庚吧,两个孩子还小,还要十几年才能嫁娶,吉日怎么定?不开庚吧,这桩婚事算定下来了吗?

孙媒婆却催得急。孙媒婆自有她的小算盘:两个孩子还小,如果不开庚,不把婚期定下来,就表明这桩婚事还没有谈好,她肯定拿不到谢媒礼。如果开了庚,她可以暗示他们给她提前谢媒。

孙媒婆一步三摇地来到了老茶坊。

“哟,孙媒婆,你这脚上的绣花鞋,又是哪家送的媒鞋啊?”有茶客问。

“我孙媒婆给东家搭座鹊桥,给西家牵根红线,别的没有,鞋还是有的穿。”孙媒婆说,“你们哪家要牵线的话,告诉我孙媒婆,没有我搭不上的鹊桥。”

“好好好,等我家孙儿长大了,一定喊你来牵红线,哈哈哈——”那茶客大笑起来。

孙媒婆进了大厅,见茶茶外婆不在,便“噔噔噔”上楼。

在房间里做作业的茶茶听到孙媒婆的声音,便把房门关上了。

茶茶外婆正在绣花,见孙媒婆上楼来,便招呼她进屋坐。

“我的老茶嫂啊,”孙媒婆屁股还没挨到板凳便开始说话,“你们家茶茶这门亲事,不能总是拖着啊。想当年,鹰儿是十五岁发的病吧?茶茶都十三了是吧?离十五岁还有几年?两年,只有两年了……”

“哎哟——”茶茶外婆的手指,被绣花针给刺了一下。

茶茶外婆紧紧地捏着那个被刺伤的手指,捏出了一点血来,再放进嘴里吮了几下,然后说:“大妹子啊,你看这事儿,太让你操心了。”

“老茶嫂啊,你是我的好嫂嫂,能为你操心,那是我前生修来的福气。”孙媒婆说,“我的嫂嫂啊,外孙女儿的事,是天大的事,可耽搁不起啊。”

茶茶外婆放下手中的针线活儿，说：“只是这两个孩子都太小了……”

“小有什么关系？你看庙巷子那边的张家，去年和滚子坪那边的杨家结了亲，两娃也都是十来岁，一样开了庚，两家都欢喜得很，这门亲事一定啊，两家都顺顺利利，做生意还发了大财。张家和杨家的这门亲事，也是我牵的线搭的桥，吉利得很，啊哈哈哈哈——”孙媒婆说得无比夸张。

茶茶外婆想了想，说：“这两家的亲事我倒是知道一点，杨家今年在生意上发了大财我也知道，不过，开没开庚，我的确不清楚。”

“老茶嫂啊老茶嫂，开个庚，讨个吉利，往后啊，你们和陈家就当成亲戚来走动走动，茶茶和陈大壮只管读他们的书，长他们的个儿，什么都不影响，多好！”孙媒婆说。

听到孙媒婆极力地怂恿外婆开庚，茶茶用笔尖儿狠狠地刺着作业本，她把作业本当成孙媒婆了。

茶茶外婆决定开庚。

庚书都准备好了。然而，该把庚书给谁看，茶茶家和陈大壮家却产生了分歧。茶茶外婆有自己信任的八字先生，大壮爸爸也有他信任的八字先生。

“河那边的赖八字，算前世算今生算来世，从来没有失算过。我和月娥的婚事，就是赖八字择的吉日。这么些年，你们也看到了，我们陈家要多旺相有多旺相。”大壮爸爸说。

“天和啊，”茶茶外婆说，“我们家相信的这位八字先生，以前给

我们家鹰儿也择过吉日。我们家鹰儿自从嫁到王家后,家庭和睦,无病无灾,多好!”

“咳咳咳——”大壮爸爸干咳了几声,说,“想当年,我们祖上,要多风光就有多风光,你小看不得……如果不把八字先生选好,你想风光都风光不起来。这些都有我们家请的八字先生的功劳。你们看,我们家大壮,身体壮壮的,不打针不吃药……”

“我昨天还去打了针,这几天我天天都在吃药,都不想吃了。”陈大壮大声说,“换个八字先生就……”

陈大壮的话还没说话,便咧着嘴,一副很痛苦的表情。明眼人都知道,陈大壮是被他爸爸狠狠地掐了一下。哪知,陈大壮却朝着他爸爸大声说:“你掐我做什么?我又没有乱说话。”

“嘻——”茶茶差一点儿就笑出声儿来了,她捂住嘴,不想让别人看见她在笑。

“天和啊,”茶茶外婆说,“我看还是请我们家信任的那位八字先生测吉日吧,保管大壮以后长得高长得壮。”

大壮爸爸看了看大壮妈妈,大壮妈妈轻轻地点了点头,表示同意茶茶外婆的话。

“那我们就听老人家的安排,请你们相信的八字先生择吉日。”大壮爸爸说。

坐在一旁一直没有说话的茶茶心想:姐姐从十五岁就开始有那病,我还有两年就满十五岁了……姐姐出嫁后,的确没有再犯过病……这桩婚事定下后,我满十五岁的时候,就不会发病吧……

在去找八字先生测吉日的头一天晚上,茶茶外婆在茶茶爸爸妈妈面前便念叨着要去八字先生那里。可是,第二天早上,茶茶在给外婆摆生葵花子的时候,却不见了妈妈的影子——茶茶妈妈肯定是卖菜去了。茶茶爸爸和袁佳辉吃过早饭后,也和以往一样,不声不响地去了隔壁铁匠铺,"哐当、哐当"地打铁去了。

茶茶想:是不是不用去找八字先生测吉日了?

茶茶是矛盾的。她害怕择吉日,这样的话,她和陈大壮的婚事就定下来了,意味着将来她要嫁给这位瘦小的陈大壮,她并非不喜欢陈大壮,也谈不上喜欢陈大壮,但她心里觉得别扭。茶茶又害怕不择吉日,她担心自己两年后发病,像以前的姐姐一样,到处疯跑,或者像妈妈一样,疯疯癫癫地说些疯话……

"眼见着今天去择吉日,一个个都跑了……"茶茶外婆念叨着。

茶茶拿起鸡毛掸子,轻轻地扫着博古架上的灰尘,没有说话。

"茶茶,去把你妈妈叫回来。"茶茶外婆说。

"嗯。"茶茶应了一声。

走在路上,茶茶想:"妈妈也许不会回来……"

茶茶来到菜摊前的时候,妈妈正在忙碌着。

"三块五一斤,一分都不能少啊。"茶茶妈妈大声回应着顾客。

"人家才卖两块钱一斤,你要卖三块五。"有个来买菜的中年光头男子说。

"你图便宜,你去买两块钱一斤的,拿回家去丢一半。"茶茶妈妈一边给别的顾客称菜一边说。

"两块钱一斤的比你这个还好。"那个光头男人说。

这一说,可把茶茶妈妈激怒了,她抱起一筐菜,扔到光头男人面

前,大声说:“我送给你,你要不要?”

“好好好,你自己说送的。”那光头男人说完,还真开始捡筐里的菜。

茶茶妈妈走过去,一脚踩在菜筐上,狠狠地抽了一口叶子烟,把烟圈儿吐在那光头男人的脸上,大声吼:“除了这筐菜,还搭上我这个人,你要不要?”

“哈哈哈!男人婆,你这生意做得好,送菜还送人啊。”旁边有人大笑着说。

那光头男人见茶茶妈妈这架势,一边捡菜一边笑着说:“白送我可不敢要,三块五一斤,我敢要。”

“随便捡,如果看上了我,两块钱一斤,我都卖给你。”茶茶妈妈一边收别的顾客递过来的菜钱,一边说,“你看我这身,虽然没有穿金戴银,但我头上这两朵花,我嘴上这根烟杆儿,可都是值钱货。”

那光头男人仔细地看了看茶茶妈妈头上那两朵花,绸缎的,还镶着金边,可能的确是比普通的头花要贵一些。光头男人再仔细地看了看茶茶妈妈叼在嘴上的烟杆儿,虽然都不是什么名贵的材料,却也磨得光溜溜儿,如果当成传世古董的话,确实也比普通的烟杆值钱一些。

“看好了没有?两块钱一斤,要不要?”茶茶妈妈问那光头男人。

“看好了,看好了,都是名贵的东西,我买不起。我还是买这三块五一斤的菜算了。”那光头男人笑着选菜。

“你不是买不起,你是不敢买。”旁人笑着说,“其实啊,我劝你把妖精十八怪买回去,保管家里天天都可以看演唱会,免费的哟。”

“哈哈哈,这样的话,我也跟着变成妖精十八怪。”那光头男人一边选着菜一边说。

“狗日的龟儿子就想占老子的便宜。”茶茶妈妈一边给菜过秤,一边咬牙切齿地说。对于大家的玩笑,茶茶妈妈总是假装生气,但脸上总是有着抑制不住的笑。她高兴起来的时候,头上那一红一绿两朵大花,会一颤一颤的,显得更加生动,更加鲜艳。

茶茶告诉妈妈,外婆让她回去,到八字先生那里去择吉日。茶茶妈妈“吧嗒吧嗒”地猛吸几口叶子烟,然后絮絮叨叨地说了许多茶茶听不明白的话。茶茶能感觉得出,妈妈不愿意去。然而,茶茶妈妈还是和茶茶一起回家了,她再怎么不愿意,也不会违背茶茶外婆的安排。茶茶外婆经常对茶茶说:“要守规矩,要听老人安排……”想来,茶茶妈妈小时候也经常听到茶茶外婆说这样的话吧。

茶茶爸爸在铁匠铺里忙了一会儿,便对袁佳辉说:“佳辉,我先走了,你干活细致点儿。”

“嗯。”袁佳辉应着。

看着茶茶爸爸离去的背景,袁佳辉重重地叹了一口气。

“哟,袁佳辉,你叹啥气呀?”打铁嫂一边摇着扇子一边说,“不过也是,这老茶家,大姑娘不嫁给你,现在连二姑娘你也没有指望了,他们家,也真是没有把你当自己人,你还把工资都交上去……啧,我真替你喊冤。”

袁佳辉仿佛没有听到打铁嫂的话,他回忆起了当年茶茶姐姐和王富根开庚的那段日子:

当年,八字先生被请到茶茶家,一边喝着老茶沙,一边替茶茶姐

姐和王富根合婚。那时，袁佳辉同样是在铁匠铺打铁，打铁嫂同样用尖声尖气儿的声音对他说："袁佳辉，老茶家在给大姑娘合婚开庚了，他们真没把你当自己人啊……"袁佳辉什么也没说，只是把浑身的力气都使在铁锤上，狠劲地砸着那些烧红了的铁块。

后来，袁佳辉听茶茶外婆提起过关于开庚的点滴：

八字先生拿着茶茶姐姐和王富根的生庚八字，掐指，翻书，而后说："合是合，就是吉日不好选。"茶茶外婆问原因，八字先生说，选来选去，都要稍微克一方，不是克男方就是克女方，但都不是太紧要，只是稍微有一点儿而已。王富根的妈妈人称王幺嫂说："干脆就克富根吧，可不能克了鹰儿姑娘。"

"富根都这样了，如果再克他，会成什么样儿？将来可别连媳妇都不认识了……就克我们家鹰儿吧，就这样定了。"茶茶外婆说。

袁佳辉知道这事后，他想：如果我和鹰儿合婚选日子，我肯定宁愿克我，哪怕让我去死，我也愿意……

茶茶一家和陈大壮一家都到了八字先生那里。八字先生在用茶茶和陈大壮的生庚八字合婚的时候，茶茶在心里念：不合，不合，不合……

而陈大壮却是一副没心没肺的样子，摆弄着一个水杯。

"哐当——"一个不小心，陈大壮把玻璃杯摔碎了。

玻璃杯这一碎，可把大壮爸爸妈妈给吓得脸色都变了，在他们看来，这是一件非常不吉利的事情。八字先生却面不改色，双眼微闭，嘴唇轻轻地蠕动着。

所有人都非常安静，连大气都不敢出，都在等着八字先生说话。

茶茶在心里说：不合，不合，这下子肯定不合了。

谁也没料到，陈大壮仿佛听到了茶茶心里的声音，他大声说：“嘻嘻嘻——我觉得不合……”他的话还没说完，便被大壮妈妈掐了一下。

茶茶转念又想：如果真的不合，那怎么办？再过两年就十五岁了……

八字先生思索良久，才开口说：“岁岁平安，岁岁平安。两娃的八字，合啊，注定是一家人。”

听八字先生这么一说，在座的大人们都松了一口气。茶茶外婆脸上的皱纹，一条条舒展开来。

茶茶的心,却一下子乱了,她不知道自己是该高兴还是该忧伤。

“不过,两娃年纪尚小,不适合择嫁娶吉日。”八字先生缓缓地说。

听八字先生这么一说,茶茶真是松了一口气,她对自己说:总算不用成亲了。

在茶茶家和大壮家都非常高兴的日子里,鬼老头又出来活动了。晚上,鬼老头又在老街上一边跑,一边嘀咕着什么,谁也听不明白。有胆儿大的人问鬼老头:“鬼老头,出不出事?”鬼老头停下来,顿了顿,好像在思考着什么,却什么也没有说,便又跑开了。

茶茶外公说:“好生活好日子,哪有那么多怪事来出?”

茶茶继续向外婆学习绣花。外婆也继续教给茶茶一些茶茶觉得很古老的家规,比如:吃饭的时候要请长辈先入座啊,好吃的菜要让长辈先夹啊,不能用筷子敲碗啊,不能把筷子插进饭碗里啊,吃饭的时候要一手拿筷子一手扶着碗啊……

窗外,那排熟悉的竹排又出现了。竹排上,还是那个胡子画家,支着画架,望着远方,不知道他在想着什么。竹排上的陈大壮,手里提着一串东西,朝窗口的茶茶招了招手,嘴里还喊着什么,茶茶没有听清。

不一会儿,茶茶听到了上楼梯的声音,也听见院子里的茶客在说:“哟,小家伙,这么好的荔枝,自己不吃,拿来送人啊?”

不一会儿,茶茶又听见了下楼梯的声音。茶茶出门一看,阳台上放着一包荔枝,里面还有一张纸条,上面写着:“茶茶姐,新鲜的荔枝,很好吃。”茶茶知道是陈大壮送来的,她本想把它们扔掉,但转念一想:把他当成弟弟吧,他也不那么讨厌,反正现在也不用结婚……

第二天,茶茶路过“张打铁”店铺的时候,打铁嫂从屋里探出脑袋问:“茶茶,吉日选出来没有?”

“他是我弟弟。”茶茶小声说。

“哈哈哈!”打铁嫂笑得很夸张,她说,“怎么变成弟弟了?怕是八字没合上吧?如果没合上,再过几年,许给我老家那侄儿吧,如果到那个时候你还没有发病的话……”

茶茶没有说话,她低着头,咬着嘴唇,快步进了自家院子。

铁匠铺里,茶茶爸爸和袁佳辉正光着膀子打铁,他们和往常一样,脸上没有表情,嘴里没有言语。偶尔有一点交流,对话也很简单。这会儿,茶茶爸爸看了袁佳辉锤过的一块铁,说:“再烧。”

“嗯。”袁佳辉应道。

“火候要到。”茶茶爸爸说。

“嗯。”

“打出来的镰刀才好用。”茶茶爸爸说。

“嗯。”

“做事不能偷懒,得凭着良心。”茶茶爸爸说。

“嗯。”

……

3

“要出事，要出事……”

傍晚时分，茶茶妈妈正在收菜摊的时候，鬼老头不知道从哪里跑出来，像幽灵一般，他绕着茶茶妈妈的菜摊小跑着，一边跑，一边念叨着：“要出事，要出事……”

茶茶妈妈不耐烦了，她举起烟杆儿，比画着要敲鬼老头的样子，大声吼道：“滚滚滚，再不滚，当心我打破你的脑壳。狗日的鬼老头，就晓得喊要出事……”

鬼老头并没害怕茶茶妈妈高高举起的烟杆儿，他突然停下来，目不转睛地看着茶茶妈妈。茶茶妈妈双手叉腰，瞪着鬼老头，气得头上的那两朵大花一颤一颤的，仿佛要飞到鬼老头的头上去一样。鬼老头还是望着茶茶妈妈，仿佛要从她身上看出什么不一样的东西来。茶茶妈妈急了，她拿起那把老蒲扇，“扑扑扑”地扇着，表示不满。

“要出事，要出事……”鬼老头跑了。

“可能又要出事了。”有人说。

“不是可能，是绝对要出事。”有人说。

“肯定要出事，鬼老头比天气预报还准。”有人说。

……

是的，鬼老头比天气预报还准。

真的出事了。

在鬼老头喊“要出事”的第二天，有人来到老茶坊大门外，大声喊：“老茶公，老茶婆，快快去菜市场，妖精……噢不，冯大嫂发病了……”

“噔噔噔——”不等外婆叫喊，茶茶便跑下楼来，出了家门，朝妈妈的菜摊奔去。

茶茶远远地看见妈妈正在别人家的菜摊前卖菜。

“来来来，不要钱了，不要钱了，嘻嘻嘻——”茶茶妈妈拉住一个顾客，取下她的背篓，把菜摊上的菜一股脑儿往背篓里放。

“妖精十八怪又疯了。”

“妖精十八怪家的大姑娘也犯过病，他们二姑娘有病没？”

“多半儿是遗传，就算现在没有病，以后也可能会发病。”

“这老茶公和老茶婆都是好人，生养的后代怎么会犯这怪病呢？”

……

听到这些议论，再看看妈妈那神情恍惚的样子，茶茶突然停下了脚步，她对自己说：“我会发病吗？……我这样走过去，会丢人现眼的……”

“哇哇——呜呜呜——”茶茶妈妈跑回到自己的菜摊前，突然大哭起来。

听到妈妈的哭声，茶茶的心，仿佛被谁狠狠地揪了一下，她赶紧跑到妈妈身边，说：“妈妈，我来了。”

茶茶拿起那把老蒲扇，给满头大汗的妈妈扇了起来。

茶茶妈妈见茶茶来了，一下子高兴起来，她嬉笑着说：“鹰儿，鹰

儿……油菜花开了，不要出去乱跑，外面有坏人……嘻嘻嘻——”

“妈妈，我是茶茶。”茶茶小声说。

“哦，小茶啊。”茶茶妈妈大声说，“小茶啊，来来来，妈妈给你梳头发。”

这时候，有几个不知道茶茶妈妈犯病了的顾客一块儿来买菜了，茶茶赶紧去招呼顾客。见茶茶手忙脚乱，旁边卖菜的人也过来帮忙，告诉茶茶，这种菜多少钱一斤，那种菜多少钱一捆。

茶茶妈妈开始打理自己的头发。她把头上那两朵鲜艳的花取下来，先是打量了一番，再细细地整理每一个花瓣，觉得每一个花瓣都整理得非常好了，又把这两朵花欣赏了一番，才心满意足地放在两腿中间。茶茶妈妈又开始梳理自己的头发，她的头发很乱，又没有梳子，她便用手当梳子，那乱蓬蓬的头发却怎么也梳不顺，然而她并不生气，在大声地笑了几声后，就开始使劲地揉着那一头乱发。直接把头发揉得不能再乱了，她才拿起刚才整理过的那两朵花，扎到了头上。那两朵花经过茶茶妈妈的重新打理，也仿佛更鲜艳了一些。平日里，茶茶妈妈精神正常的时候，从来没有想过要打理自己的头发，总是抓过花来，马马虎虎地往头上一扎就了事。

“可以便宜一点儿吗？”有顾客问。

茶茶还没来得及回答，茶茶妈妈便走过来，和刚才比，像是换了个人似的，说：“这是今天早上才拿来的新鲜菜，一分都不能少。不信你走别家去看，都没有我的菜新鲜。”

茶茶悄悄地打量着妈妈：这会儿的妈妈，跟没犯病一样，很清醒。

把这拨顾客打发走了以后,茶茶见妈妈没事了,便想回家去。

“嘻嘻,小茶,来来来,妈妈给你喂奶。”茶茶妈妈一边说,一边掀衣服,吓得茶茶赶紧低下头来,不知道该怎么办才好。

旁边的一位阿姨赶紧走过来,抓住茶茶妈妈那掀衣服的手,大声说:“妖精十八怪,有人偷你的菜来了。”

一听有人偷菜,茶茶妈妈又像换了个人似的,大喊起来:“哪个狗日的龟儿子想偷老子的菜? 找打!”话还没说完,便把她的烟杆高高地举了起来。

“跑了,跑了,怕你的烟杆儿。”那人笑着说。

“敢偷我的菜,简直是不要命了。”茶茶妈妈一边嘀咕着,一边开始找她的叶子烟。

这时候,陈大壮来了。不知他是知道茶茶妈妈犯病了过来看看,还是恰巧路过这里。有人问陈大壮:“陈大壮,将来要是你的媳妇也像妖精十八怪一样,疯疯癫癫的,你喜欢不?”

听了这话,茶茶把头埋得很低,她想哭,眼泪已经在眼眶里打转儿。

令茶茶没有想到的是,陈大壮从筐里捡起一个大大的土豆,朝刚才问话的那人扔去,只听“哎哟”一声尖叫,那人便骂了起来:“该死的狗崽崽,将来娶不到媳妇……”

茶茶妈妈“吧嗒吧嗒”地抽完叶子烟,把烟杆儿扔在地上,便像有急事一样走了。

“茶茶,快去跟着你妈妈,不要让她到水边去。”旁边的好心人提醒茶茶,“赶紧去,我帮你们看着菜摊,放心吧。”

茶茶跟了上去,陈大壮也跟了上去。

茶茶妈妈走得很快,仿佛有什么急事一样。走着走着,她进了杂货铺,只听“哗啦”一声响,她竟然把人家摆满针、线、麻团儿、绣片儿等的竹箦给掀翻了。

“哎哎哎,男人婆,你疯了呀?”杂货铺的老板娘大声吼起来。

“我看她这架势,就是疯了。”老板从里屋出来,对老板娘说。

“真是倒霉。疯了就回自家揭屋顶去。”老板娘非常生气。

是啊,那些小杂货,都混杂在一起,要捡拾分类,得花一些时间。

茶茶蹲下身来,正想捡拾这些杂货,却见妈妈又一阵风儿似的,出了杂货铺。茶茶赶紧又跟了出来。

茶茶妈妈从杂货铺里出来,又去了隔壁的“塘河九大碗”店铺。茶茶妈妈冲进后院,看见高高的冒着热气的蒸笼,异常兴奋。那些蒸笼里,蒸着塘河九大碗中的粉蒸肉、烧白、蹄膀、夹沙肉等,茶茶妈妈力气大,如果她捣起乱来,那些蒸笼怕是要遭殃。蒸笼里的东西弄坏了不要紧,如果烫伤了人,那可是大事情。茶茶一把拉住妈妈,对店铺老板说:“大伯,小心啊,妈妈……妈妈犯病了……”店铺老板自然明白茶茶的意思,他赶紧用打包盒装了一碗夹沙肉,送到茶茶妈妈面前,说:“冯大嫂,新出笼的夹沙肉,好吃。”

茶茶妈妈接过夹沙肉,闻了闻,笑着说:“香,香,香……”

“塘河九大碗”店铺老板知道茶茶妈妈喜欢吃夹沙肉。

茶茶把妈妈从后院拉出来,说:“妈妈,我们回家去。”

茶茶妈妈不愿意回家,她在“塘河九大碗”店铺门口吃完这碗夹沙肉后,把打包盒和筷子一扔,又跑了。

紧接着，茶茶妈妈到“杨氏咸菜”店铺打碎了一个咸菜罐，到“老字号米酒”店铺打翻了两缸米酒，把“吕氏苞谷泡儿”店铺的苞谷泡撒了一地，“赵剃头”店铺里的剃头剪被她扔出了大门外，“李记梅子酒”关着门她没能进去，“蓑衣斗笠铺”里的斗笠被她踩坏了几顶……

这一路，茶茶都紧张地跟着妈妈，阻止着她，尽量少损坏别人的东西，尽量不伤到自己不伤到别人。好心的街坊们也来帮着茶茶，尽量不让茶茶妈妈伤到自己、伤到别人。

“冯大，你媳妇犯病了，到处摔人家的东西。”有路人朝铁匠铺里吼了一句。

“哐当——”正在打铁的茶茶爸爸丢下铁块，大步出了铁匠铺。

袁佳辉也想跟着出去，必要的时候帮茶茶爸爸一把，因为他知道茶茶妈妈力气大，发起脾气来，茶茶爸爸一个人是拉不住的。

“哎哎哎，袁佳辉，外面有你什么事啊？耽误了工夫，我明天拿什么卖呀？赚不到钱，我这铁匠铺，就只有关门大吉了。”打铁嫂阴阳怪气地说。

袁佳辉只好继续埋头干活儿。

茶茶妈妈自然不会理会茶茶爸爸，何况，茶茶爸爸也不会用什么好听的话来哄茶茶妈妈回家，只会重复着一句简单的话：“男，回去。”

在好心的街坊邻居的帮助下，茶茶妈妈总算回到了老茶坊。

事后，茶茶外婆一家家地上门赔礼道歉，虽然街坊邻居们都知道茶茶妈妈有病，都知道老茶家的为人，他们不计较这些，但茶茶外婆坚持要赔偿大家的损失，而且只多不少。

“茶茶啊，做人就要这样，街坊邻居原谅我们，是他们好心，我们也不能让人家吃亏，损坏人家的东西，就应该赔偿，多赔一点，宁可自己吃亏，也不能让别人家吃亏。”茶茶外婆说。

听了外婆的话，茶茶懂事地点了点头。

听说妈妈病了，茶茶姐姐也回家来了。

“婆娘，吃。”王富根一进屋，就知道要好吃的。

茶茶姐姐知道王富根是这德行，早有准备，她打开随身背来的包，从里面拿来一包桐叶麦粑，递给王富根。

王富根拿着桐叶麦粑，蹲在大厅中央，吃了起来。

“鹰儿，回来了。”茶茶外婆说。

“外婆，妈妈呢？”茶茶姐姐问。

“疯够了，睡了。”

“嗯。”

茶茶见姐姐回来了，也感到欣慰，她坐在姐姐身边，哪怕不说话，也会感到温暖。

“鹰儿啊，当初，可是把你嫁好了。”茶茶外婆说。

“嗯。”

“鹰儿啊，女人，要认命。”

“嗯。”

“嫁个好人家，比什么都好。”

“嗯……如果有条件的话，还是可以多读点书。”茶茶姐姐说。她因为犯病，便早早地辍学在家，她想：自己没有机会再读书了，茶茶妹应该多读书，将来走出去，听说外面的世界可大着呢。

“有人说，姑娘家要好好读书，只有读书才有大出息。姑娘家的大出息是什么？嫁个好人家，好好过日子，就是大出息。”

“嗯……”

茶茶姐姐明白：在外婆眼中，自己嫁到王家，不再犯病了，便是最好的结果。所以，她也没有怪外婆对自己的安排，她似乎也觉得这是最好的结果。

坐在一旁的茶茶没有说话，她在心里对自己说：“我还是想多读书，说不定将来可以去看看北京，去看看上海，甚至出国去读书呢……”

晚上，茶茶外婆托人去请的观花婆来了。

“观花婆来了，观花婆来了……”老街上有小孩子看见了观花婆，会大声喊起来。

“听话，好好吃饭，不然让观花婆背回去。”不知道哪家在用观花婆来吓唬不好好吃饭的孩子。想必，那孩子听了这话，肯定在大口大口地吃着饭。

“哇——”不知道是哪家的孩子，被观花婆吓得大哭起来。

总之，在古镇孩子的心目中，观花婆是神奇的、神秘的，更是可怕的。

今天，观花婆依旧穿着一身黑色布袍，一双黑底绣白花布鞋，奇怪的是，外面明明下过雨，观花婆的布鞋却干干净净，一点儿也没有弄湿弄脏。茶茶想：难道观花婆还会飞？

大厅里，观花婆一边用她特有的腔调，大声地唱着大家都听不懂的词儿，一边又使劲儿地摇晃着桌子和凳子，如果桌子和凳子不

结实的话,估计会被她摇散架。

茶茶站在楼梯口,远远地看着,她不敢下楼来,她害怕自己随着观花婆的腔调,到一个神秘而又可怕的地方,因为传说观花婆可以把人带到阴间,和自己已逝的祖先对话。

观花婆不停地摇晃着桌子、凳子,还有她自己的身体。突然,她把发髻上的那根银簪扯了下来,刚刚还挽着的发髻,散开来,只见她猛一抬头,再猛一摇头,头发便齐整整地往前,遮住了她的脸。

茶茶简直不敢看下去了,她害怕观花婆随时会变成一个幽灵,飞起来,捉住自己。茶茶飞快地跑进自己的房间,紧闭房门。

观花婆一直折腾到深夜,才离开了茶茶家。

观花婆离去不久,茶茶听到了隔壁打铁嫂的声音:"冯大嫂这病啊,不能只是观个花照个水,还是要相信科学,去医院看看。"

打铁嫂虽然平日里总爱说风凉话,但关键时刻,她心底的那份善良便会表现出来。

茶茶知道,妈妈是不会同意去医院的。以往,妈妈发病的时候,也被送去过医院,她总是叫着喊着,说医院里有狼,有老虎……

第二天一大早,茶茶外婆正在洗漱的时候,茶茶便起床来,给外婆摆了一碟生葵花子。

"妈妈呢?"茶茶问。

"卖菜去了。"外婆答。

"哦。"

"她那病,来得快,也走得快。唉!"外婆叹了一口气,说,"不知是哪世造的孽。"

知道妈妈的病有好转,茶茶也放心了。

外婆坐到大厅里来,和往常一样,理了理耳环,理了理戒指,理了理玉手镯,便开始吃葵花子。

"茶茶啊,"外婆说,"说起你爸妈这门婚事,真是话长啊。"

外婆一边细细地嗑着葵花子,一边慢慢地说:"请八字先生来合八字择吉日,八字先生说,八字合是合,但吉日不好测啊……当年啊,我就是看上你爸是个老实厚道的人,能干活儿,心眼儿也好,我想吧,要亏克,就亏克自家人吧,你妈毕竟有我和你外公照顾着,你爸大老远离家,总不能亏克了他呀……男人是一家之主,男人是天,是不能随便克的……"

茶茶外婆说这话的时候,茶茶姐姐正巧走到楼梯口,准备下楼来,听到外婆这话,她愣了一下:男人是天……我的那个家,男人是天吗?这块天,随时都有塌下来的危险……当年,难怪外婆执意要克我,原来,在外婆眼中,就连憨傻的王富根,也是天……

茶茶姐姐退后几步,倚着雕花栏杆,对着天井流泪。

吃过早饭,茶茶不放心,又出了家门,她想到菜摊上去看妈妈是不是真的没事了。

"狗日的龟儿子,就想占老子的便宜。"

远远地,茶茶又听到了妈妈熟悉的骂人声。从这声音里,茶茶明白,妈妈又恢复了正常。一颗悬着的心,总算又放回了原位。

然而,茶茶不禁又伤感起来:妈妈是这样,以前姐姐也是这样,以后我会是这样吗?……

"来来来,便宜卖了,便宜卖了。"茶茶妈妈的吆喝声,打断了茶

茶的思绪。

“妖精十八怪,你头上的花掉了一朵。”有人大声喊道。

茶茶妈妈信以为真,她果真摸了摸头,摸到了两朵花,便又骂道:“狗日的龟儿子,又拿老子开玩笑……”

看到妈妈真的正常了,茶茶很高兴,她对自己说:“以后的事,就不要去猜测了,过好现在吧。”

想到这里,茶茶突然发现,自己比以前坚强多了,她在心里为自己暗暗高兴。

第四章 接妆

1

“嘻嘻嘻,冯小茶有小男人了。”

“呃,小男人,羞羞羞!”

“定个娃娃亲有什么大惊小怪的?又没有真正地成亲。”

“定个亲,压压惊,哈哈哈!”

“对对对,定定亲,压压惊。”

“哈哈哈!”

……

开学了,同学们戏称“冯小茶有小男人了”,但这在古镇却不算什么爆炸性新闻,因为,在古镇,定娃娃亲的不在少数,大家都会为了这样那样的一些事情,便依着古老的风俗,给孩子们定一门娃娃亲,最终是想让孩子们顺利地长大,所以,同学们也没怎么大惊小怪。

“陈大壮是我弟弟,我们家没有男孩儿,收他当弟弟了。”茶茶是这样跟同学们解释的。这个解释也比较合情理,所以,同学们便不再拿这事来开玩笑了。

陈大壮倒真像茶茶的弟弟一样,事事为茶茶家着想。

开学后的一个周末,稍稍退了点暑气,按以往的经验,大壮妈妈觉得这个周末生意会比较好,便做了一些蒸菜备用。星期六的早上,大壮帮妈妈磨过石磨豆花后,便不见了踪影。

“咦,夹沙肉少了两碗……”大壮妈妈很吃惊,她问大壮爸爸,

“他爸,都没有蒸热,你就吃了?”

“叭叭叭——”大壮爸爸正在院坝边上,把满是泥的鞋往坝坎上敲,这样便可以敲掉鞋底上那已经干了的泥块。

“我就喝了碗稀饭,我吃什么了?”大壮爸爸说。

“夹沙肉,少了两碗。”大壮妈妈说,“我怕你吃了冷的,肠胃受不了,拉肚子。”

大壮爸爸直起腰来,大声说:“两碗夹沙肉?亏你想得出,我又不是几个月没沾油荤,我能吃得完两碗夹沙肉?”

大壮爸爸没有吃,那么,两碗夹沙肉到哪里去了呢?

大壮妈妈朝胡子画家那边看,大壮爸爸“咳咳咳”地干咳几声,说:“别看,人家天还没亮就出门了。”

两碗夹沙肉不翼而飞。

“会不会是大壮吃了?”大壮妈妈问。

“要是大壮能一顿吃下两碗夹沙肉,那倒还谢天谢地了。”大壮爸爸说。

是啊,大壮饭量小,身体也不怎么好,经常生点小病,时不时还进医院住两天,弄得大壮爸妈都提心吊胆,以至于这么早就给他定了一门亲事。若是大壮有一顿吃下两碗夹沙肉的饭量,也不至于会有这么单薄的身体了。

两碗夹沙肉的丢失,仿佛成了大壮家的谜案。

大壮爸爸和往常一样,到老茶坊喝茶,摆龙门阵。

“陈天棒,今天请不请大家喝老茶沙?”有人大声问。

“喝啊,怎么不喝?”大壮爸爸大声说,“我陈天和啥时候缺过喝

老茶沙的钱了?”

“我看还是算了,你们家王月娥卖个豆花饭也不容易,卖一锅豆花饭,你几壶老茶沙就喝了,不厚道。”有人说。

“话说回来,陈天棒,你真是有福啊,王月娥生得乖手也巧,她打出来的水竹席,可称得上塘河第一。”又有人插了这么一句。

“这个是事实。”茶茶外公说。

茶茶外公还是那根长长的烟杆儿,还是那种长长的烟卷儿,还是那样“吧嗒吧嗒”地抽着,烟圈萦绕着他的脸庞,仿佛想数一数他脸上到底有多少皱纹。

快到中午了,茶客们一一散去,他们都要回家吃午饭了。

大壮爸爸正准备离去的时候,茶茶外婆在大厅里喊道:“天和,你进来一下,我跟你说个事。”

大壮爸爸进了大厅,茶茶外婆递给他一个竹篮,说:“这里面是我做的桐叶麦粑,拿回去,一家人尝尝。”

大壮爸爸一看这个竹篮,便在心里嘀咕:好像是我们家的竹篮,什么时候跑到老茶家来了?

大壮爸爸心里虽然那样想着,但嘴上却说着客气话:“本该是我们孝敬您老人家,怎么可以……”

“你们已经想得够周到了。”茶茶外婆打断了大壮爸爸的话,说,“这不,今天一大早,你们就让大壮端来两碗夹沙肉。亲戚嘛,要走得勤走得近才亲……”

大壮爸爸终于明白:难怪这竹篮看起来这么眼熟,难怪家里莫名其妙地丢失了两碗夹沙肉,原来是被大壮偷偷地拿到老茶家来了。大壮爸爸心里嘀咕道:这狗崽子,媳妇还没有娶进门,便会胳膊肘往外拐了,将来铁定是个娶了媳妇忘了娘的狗东西……

早上,陈大壮帮妈妈磨过豆花后,正准备出门,却突然回转身去,趁妈妈在滤豆浆的时候,悄悄地从冰箱里拿出两碗夹沙肉来,照着妈妈之前的样子,蒙上保鲜膜,再用塑料袋裹上,装进篮子里,飞快地跑了。陈大壮跑了几分钟,便跑到小河边上他放竹排的地方。

“大壮,急匆匆地,要做什么啊?”一个熟悉的声音,把陈大壮惊了一下。

原来,胡子画家正坐在小河边上,支着画架画画呢。

“嘿嘿——”陈大壮笑了笑,把装有夹沙肉的竹篮往身后藏。

胡子画家来了兴趣,他起身来,想看看陈大壮的竹篮里到底装着什么。陈大壮知道藏不住,他红着脸说:“胡子叔叔,坐竹排吗?”

“要去看茶茶了?”胡子画家笑着问。

“嘿嘿——”陈大壮一边笑,一边上了竹排。

“我这里还没有画好,今天就不和你一起走水路看风景了。”胡子画家说。

陈大壮撑着竹排,朝茶茶家所在的河段撑去。

当陈大壮的竹排出现在茶茶家窗外的河心的时候,茶茶正在做作业,她刚好起身来,站在窗前,伸了个懒腰,便看到了竹排上的陈大壮。陈大壮也看见了茶茶,他朝茶茶挥了挥手,又朝着竹篮指了指。茶茶当然能领会陈大壮的意思:陈大壮有东西要送给她。

然而,茶茶却不愿意到河边去拿东西,万一被别人看见了,肯定会说闲话,尤其是那个打铁嫂,指不定会说出什么难听的话来呢。

茶茶坐下来,继续做作业。

陈大壮的竹排在东码头靠岸了。他坐在竹排上,盯着东水门,希望看到茶茶的身影。可是,他等了好一会儿,都没有等到茶茶。陈大壮提着竹篮下了竹排,来到东水门,他躲在门后,偷偷地朝老街张望,他多么想看到茶茶的身影。

可是,此刻的茶茶,正在房间里做作业呢。

陈大壮见打铁嫂从铁匠铺里出来,他赶紧缩到石门后,心里想:可不能让她知道我来了,还提着东西,那人说话好难听……

过了一会儿,陈大壮又偷偷地探出小脑袋,朝老街看。嗯,正好,打铁嫂朝老街上头走去了。等打铁嫂走远了,陈大壮飞快地进了东水门,奔进老茶坊的院子,把装有东西的竹篮放在一张茶桌上,又飞快地跑出院子,跑出东水门,沿着石级,跑向东码头,跳上竹排,拿着竹篙一撑,竹排便朝河心划去。

恰巧,在陈大壮跑出茶茶家的院子的时候,茶茶外公从大厅里出来,他看见了陈大壮慌忙离去的身影。

茶茶外公把茶桌上的竹篮提进大厅,大声喊:“老太婆,有人孝敬你来了。”

“鹰儿吗?是鹰儿回来了吗?”在楼上的茶茶外婆一边往楼下走,一边说。

茶茶外婆来到大厅,并没有看见茶茶姐姐的身影,只看到一个竹篮。

“哟,夹沙肉,哪里来的?”茶茶外婆问。

“天和家的小子送来的。”茶茶外公说。

“大壮？人呢？”茶茶外婆问。

“跑了。”茶茶外公说，“陈天和那人，天棒一个，生个小崽子，倒还聪明伶俐，还望将来不是又一个陈天棒。”

“三岁看到老。”茶茶外婆说，“大壮这孩子错不了，机灵，懂事，手脚麻利，越看越喜欢。”

茶茶外婆把夹沙肉拿进屋，她一边说一边念叨：“月娥也真是周到，我也要回个礼才好……”

于是才有了茶茶外婆送大壮爸爸桐叶麦粑那一幕。

茶茶外婆做的桐叶麦粑，不光是送给了陈大壮家，还托了两个过路的熟人带走了些，一是带给茶茶姐姐，二是带到打铁嫂娘家侄女黄兰兰家。

为什么要把桐叶麦粑送给黄兰兰家呢？

今年年初的时候，孙媒婆来给袁佳辉说媒。孙媒婆人还在院子里，声音便飞到了楼上：“我的老茶嫂哎，今天我给你家佳辉带一段好姻缘来哦。”

茶茶外婆一直为袁佳辉的婚事忧心。自从茶茶姐姐出嫁后，孙媒婆曾多次登门来说媒，不管说到哪家的姑娘，袁佳辉都表示沉默，仿佛打定了终身不娶的主意。还好，孙媒婆就是孙媒婆，她不给你说准一门亲事，绝不罢休。

孙媒婆唱开来：

黄家有女呀名字叫兰兰，
兰心蕙质啊人见人喜欢。
割猪草做家务都很勤快，

过路人啊见了都很稀罕。

……

孙媒婆唱的黄兰兰,便是打铁嫂娘家侄女。

孙媒婆走后,打铁嫂从铁匠铺里出来,大声说:“我们兰兰的眼光可是很高哦,没有十万八万的彩礼去提亲,怕是开不了那个口。”

打铁嫂这话,分明是说给茶茶外婆听的。她进了铁匠铺后,又对自己的丈夫张打铁说:“张打铁,你说你,当初也没花几个钱,就把我娶进门了。现如今这行情,你当初那几个钱,根本就进不了我们家门。”

打铁嫂在说这话的时候,茶茶爸爸和袁佳辉都听到了,他们还不明白打铁嫂为什么无缘无故地翻旧账。等他们下班回家后,听茶茶外婆说起孙媒婆来过这事,他们才明白,打铁嫂那话是说给他们听的。

“佳辉,黄兰兰那姑娘倒还真不错,我见过几回。”茶茶外婆说。

袁佳辉没有说话。

“你也该好好地考虑一下终身大事了。”茶茶外婆说。

袁佳辉沉默着。

“佳辉,之前孙媒婆来说的那几个,你不中意,我也没有劝你。”茶茶外婆说,“这黄兰兰的确不错,个子高大,手脚勤快,嘴巴也甜,待人接物也还可以,将来,有她照顾你,我也放心……”

茶茶外婆说了许多关于黄兰兰的好话。袁佳辉还是保持沉默。

自从茶茶姐姐出嫁后,袁佳辉变得比以前更沉默了。孙媒婆也登门说过几次媒,但袁佳辉就是不表态,茶茶外婆也只能依着他的沉默,没有过多地提起他的婚事。今天,茶茶外婆说了这许多,是因为她的确觉得黄兰兰不错。

然而,袁佳辉最后只说了一句话:“我现在还不想考虑个人问题……”

袁佳辉回房间后,茶茶外婆重重地叹了一口气:“唉!”

“老头子啊,当年,要是佳辉和鹰儿的八字能合得上,就不会有现在这些事了。”茶茶外婆说。

“那些陈芝麻旧谷子的事儿,就不要提了,都回不去了。”茶茶外公说完,继续抽他的叶子烟。

“这些都是命里注定的。佳辉自有佳辉的缘分和福分,只不过还没有到。”茶茶外婆说。

“老天爷不会亏待勤快人。”茶茶外公说。

“嗯。佳辉勤快,我们要给他选一个勤俭持家的女子,我看黄兰兰就不错。”茶茶外婆说。

“再好的女子,也要佳辉点头才行。”茶茶外公说。

“我得给他安排一门好亲事,才对得起他爹妈和他婆的在天之灵。可是啊,佳辉这孩子,孙媒婆来提起的几门亲事,他都不言不语,存心要这样光棍下去。”茶茶外婆的话语里,充满了无奈。

“心病,要心药医。”茶茶外公说。

“唉,鹰儿都出嫁几年了,这心病,也该结了。”茶茶外婆说。

……

茶茶外婆絮絮叨叨地说到很晚,茶茶外公也“吧嗒吧嗒”地抽叶子烟抽到很晚。

的确，心病还需心药医。第二天，茶茶外婆便通知茶茶姐姐把王富根带回来住两天。

茶茶姐姐一进家门，茶茶外婆便和她说了黄兰兰的事情，说："鹰儿啊，你和佳辉从小就要好，你要劝劝他，黄兰兰是个好姑娘，成个家，有个人照顾着，枕边有个人说说话，白天再累也舒心……"

茶茶姐姐虽然觉得外婆说得有道理，可是，要让她去说服袁佳辉，她真不知道该如何去说。

茶茶无意间听到了外婆和姐姐的话，也仿佛听明白了其中的意思，她对自己说："佳辉哥哥再不娶媳妇，都要成光棍儿了。"

傍晚，茶茶爸爸和袁佳辉从铁匠铺下班回来了。一家人在饭厅里吃着晚餐，你给我夹菜，我给你添饭，气氛很融洽。

"婆娘，好吃，好吃……"王富根嘴里满是饭菜，鼓鼓囊囊的，却还在用筷子指着一桌子的好菜，大声喊，"快，快，快……"

茶茶外婆和茶茶姐姐都忙着给王富根夹菜。茶茶妈妈夹了一些菜放进茶茶姐姐的饭碗里，说："鹰儿，你要吃好，你饿死了，王富根跟着饿死。"

茶茶妈妈的语气里，有着对王富根的不满。

"妈，不要为我担心，我很好……"茶茶姐姐安慰着妈妈。

"这狗日的命！"茶茶妈妈骂了一句，又开始使劲儿地往嘴里塞饭菜。她也只有使劲儿地朝嘴里塞饭菜，如果让嘴巴空着，她会管不住自己的嘴，不知道自己还会说出什么难听的话来。

茶茶也给姐姐夹了一些菜，说："姐姐，你多吃点儿，你开心了，我就跟着你开心。"

袁佳辉没有替谁夹菜,也没有说话,只是埋头吃饭。

吃过晚饭,大家忙着收拾碗筷。茶茶坐到袁佳辉身边,小声说:“佳辉哥,黄兰兰我见过,可漂亮了,还很温柔哦。”

在茶茶面前,袁佳辉反而不好意思起来。

“佳辉哥哥,我觉得你和兰兰姐姐挺般配的。”茶茶接着说,“我姐姐也说兰兰姐姐好,她也很希望你能把兰兰姐姐娶过门来。我姐姐还说,你一直不娶媳妇,她心里就一直不踏实……”

茶茶说得好像无心,但袁佳辉却听得很有心。

第二天清晨,在茶茶外婆吃着葵花子的时候,袁佳辉对茶茶外婆说,他愿意听家里的安排,同意和黄兰兰交往,如果合得来,有缘分,就做相、开庚,把她娶进家门。这可乐坏了茶茶外婆,她一边吃葵花子,一边说:“佳辉啊,我就知道你是个懂事的孩子,男大当婚,女大当嫁,你和黄兰兰肯定是天牛的一对儿……”

于是,袁佳辉便开始和黄兰兰交往,相互间觉得相处融洽,双方家长便欢天喜地地开始做相、开庚,现在已经开始欢天喜地准备嫁妆和接妆了。

“办嫁妆的钱,你们家准备好了吗?”黄兰兰问袁佳辉。

“准备好了。”袁佳辉说,“这些年我打铁的工资,都交给家里了,他们都给我存着。”

“那就好。”黄兰兰说,“你确定他们没有用你的钱?”

“家里不是很缺钱花。就算很缺钱花,也不会动用我这点钱,大家对我都很好。”袁佳辉说。

“嗯。我听说,他们让你搬过来住,就是想用你的工资。”黄兰

兰说。

“你听谁说的?”袁佳辉说,“你可不要这样想。”

“嗯……我没听谁说……”黄兰兰有些吞吞吐吐。

袁佳辉知道,这样的话,黄兰兰是说不出来的,一定是打铁嫂——黄兰兰的姑姑说出来的,黄兰兰只不过是转述而已。当然,袁佳辉也不会和黄兰兰计较这些。

茶茶外婆一直期待着袁佳辉的婚期早日到来,那样的喜庆,可是她天天盼望的。

“咱老茶家大门大户的,总得时不时添点喜庆才好啊。”茶茶外婆经常这样说。

“我老茶家前世积了功德,这世喜事自然多。”茶茶外公说完,喝了一口老茶,又抽了几口叶子烟。

“唉,鹰儿都嫁过去好几年了,肚子也没个信儿。”茶茶外婆又叹息起来。

“儿孙自有儿孙福,你操那么多心干吗?”茶茶外公还是那么悠闲地抽着叶子烟。

“我能不操心吗?男男时不时犯病,鹰儿嫁的又是个憨人王富根,小茶也一天天长大,还不知道会不会出现什么情况……还好,佳辉的事情算是定下来了,我给他爹妈和婆,也算有个交代,要不然啊,等我上了天,还真没脸去见他们……”茶茶外婆一边纳着千层底,一边说。

“老太婆哎,你就好好地纳鞋底吧,可别少纳了几针,鞋底不耐穿。”茶茶外公说。

“现在呀，我就盼着佳辉的婚期早点儿到。”茶茶外婆说。

盼着盼着……在茶茶外公“吧嗒吧嗒”的抽叶子烟的声音中，在茶茶外婆纳千层底时“呼啦呼啦”扯麻线儿的声音中，在茶茶爸爸和袁佳辉“哐当哐当”打铁的声音中……中秋节快要到了。

每年中秋节，茶茶家都要打糍粑。今年，茶茶外婆决定要打出更多的糍粑来，因为和去年相比，多了陈大壮一家和黄兰兰一家，还会把打铁嫂一家也请来，大家热热闹闹地吃糍粑过中秋节。

茶茶外婆早早地挑好糯米，用清水浸泡。

“茶茶，打糍粑用的糯米一定要白又糯，打出来的糍粑才好看又好吃。”茶茶外婆说。

“嗯。”茶茶应答道。

茶茶外婆在做这样的事情的时候，总爱一边做一边教茶茶，她总是说：“一辈子的经验都教给你，你总要学会几样才好。”

打糍粑的头一天晚上，茶茶外婆便对茶茶爸爸和袁佳辉说：“明天早上，你们尽量早早起啊，起得越早，明年收成就越大。”

听说第二天要打糍粑，袁佳辉赶紧来到院子里，准备把打糍粑用的石碓窝清洗干净。可是，他来到石碓窝前一看，石碓窝已经被清洗得干干净净，上面用一件蓑衣盖着，防止灰尘掉进去。袁佳辉又准备去找打糍粑用的糍粑棒，哪知他一个转身，便看见糍粑棒也靠在离石碓窝不远处的墙上。袁佳辉知道，是外婆提前做好了准备。

第二天凌晨三四点钟的时候，茶茶外婆就起床了，她要早早地开始蒸浸泡好的糯米。

当茶茶外婆来到厨房的时候，却见茶茶妈妈正在把浸泡好的糯米往家里最大的饭甑中放。

“男，这么早就起了啊。”

“嗯。”

“热水都烧好了没有？”

“烧好了。”

“多洒几回水，蒸出来才软糯。”

“嗯。”

茶茶妈妈手脚麻利，几下就把糯米倒进大饭甑中，盖上毛盖，蒸了起来。

在蒸糯米的过程中，每隔十来分钟，茶茶妈妈便会打开毛盖，往饭甑中洒热水，以防糯米太干，蒸出来不够软糯。

茶茶爸爸和袁佳辉也起床来了，他们已经做好了打糍粑的准备。

糯米蒸熟了。袁佳辉端着大饭甑，把热气腾腾的熟糯米倒进了石碓窝里。

“啪——啪——啪——”

茶茶爸爸和袁佳辉各自拿着一根糍粑棒，围着石碓窝，快速而有力地打起糍粑来。打糍粑也算是一项技术活儿，糍粑棒的起落，要用力均匀，快速而有力，只有这样，黏性特别强的糯米，才不会黏在糍粑棒上扯不下来。而且两个人的糍粑棒在落入石碓窝时都要落在同一个地方，这样才能把糯米打得均匀而瓷实。

打糍粑也是力气活儿，不一会儿，茶茶爸爸和袁佳辉便浑身冒汗了。

“我来打。”茶茶妈妈说。茶茶妈妈力气好，肯定有打糍粑的力气。

“笃笃笃——”正当茶茶妈妈准备从茶茶爸爸手中拿过糍粑棒的时候，茶茶家的院门被敲响了。

开门一看，是大壮爸爸和隔壁的张打铁。

“大好事也不喊我们一声。”大壮爸爸说。

“是怕我们用了力气后吃得多啊。”张打铁开着玩笑。

大壮爸爸和张打铁正好替换下已经汗流浃背的茶茶爸爸和袁佳辉。

四个汉子轮流打糍粑,打了一个多小时,黏糊糊的糍粑才算打好了。

茶茶外婆和茶茶妈妈早已准备好了簸箕,她们要把这一整坨的糍粑分成一小坨一小坨,搓成圆形,一一摆放在簸箕里,吃的时候才方便。

中秋节这一天,茶茶家特别热闹:茶茶姐姐带着王富根和富根妈妈来了,陈大壮一家三口来了,黄兰兰一家四口过来了,打铁嫂一家两口也来了。茶茶家大厅里,热热闹闹的,茶茶外公和外婆都非常开心。

往常,家里的饭菜都是茶茶外婆做,茶茶在家的时候会打个下手。今天,茶茶妈妈也早早地收了菜摊,回家来一起做饭。当然,今天也不缺做饭的人,茶茶姐姐、大壮妈妈、打铁嫂,还有富根妈妈,都是做饭的好手。

“鹰儿,你去照顾富根。”茶茶外婆说。

“嗯。”茶茶姐姐照看王富根去了。

王富根在院子里也好,在天井里也好,在楼上也好,都会弄出大家意想不到的事情来。比如:从楼梯上摔倒了,跑到天井里的水缸里头出不来了,被院子里的门给夹住了……这些,都会让他大喊大叫,让茶茶姐姐无法收拾。

中秋节的菜品非常丰富,但最馋人的还是各种吃法的糍粑。

在用柴火做饭的时候,糍粑就已经进了灶膛。茶茶用火钳夹着一小块糍粑,放进灶膛里,让火烤着,不一会儿,便闻到了烤糍粑的香味。茶茶一连烤了好几块糍粑出来,她自己一块也没有吃,都给陈大壮拿出去了。

“婆娘,好吃……”是王富根的声音。

“哇——”突然,王富根大哭起来。

原来,王富根在和陈大壮抢烤糍粑吃,好不容易抢到了一块,塞进嘴里,却被烫得“哇哇”大哭起来。

除了陈大壮和王富根吃到的烤糍粑,还有能拿到餐桌上去的油炸糍粑块、黄豆面糍粑、红糖糍粑等,都是色香味儿俱全。

吃饭的时候,茶茶外婆高兴地说了许多话。在快要散席的时候,茶茶外婆又说:“我们这一大家子啊,要和和气气地相处,像那簸箕里的糍粑团儿一样,团团圆圆、平平安安地过好日子……”

吃过了午饭,茶茶一家还热情地挽留客人们吃晚饭。下午时分,大家或是坐在院子,或是坐在大厅里,或是坐在天井里,或是坐在楼上,喝老茶,吃糖果花生,摆久远的龙门阵……

茶茶和陈大壮没有和大人们一起喝老茶摆龙门阵,大壮来到茶茶的房间里找书看。陈大壮第一次进茶茶的房间,觉得一切都很稀奇,特别是茶茶的那些课外书,更是吸引陈大壮,他翻了这本翻那本,觉得每一本都想看,每一本都放不下。整个下午,他都聚精会神地看着书,仿佛在书的世界里出不来了。

见陈大壮这么喜欢看书,茶茶很开心,她想:我就把他当成我的弟弟,我的书就是他的书。

吃过晚饭,大家离开的时候,茶茶外婆给每户包了又大又圆的糍粑、黄豆面、红糖等,还不停地说:“好事成双,团团圆圆。”

“大壮,你那袋子里装的什么?”大壮妈妈悄悄地问大壮,她担心大壮拿了不该拿的东西。

“书。”陈大壮说。

“你自己拿的?”大壮妈妈问。

“茶茶姐姐借给我看的。”陈大壮说。

“嗯,这还差不多。”大壮妈妈说。

“看完了要送回来啊,有借有还,这是咱陈家的规矩。”大壮爸爸一本正经地说。

“嗯。”陈大壮回答着。

……

客人们都走了。茶茶家安静下来。

今天客人多,尤其是王富根爱捣乱,家里被弄得比较乱,茶茶和外婆、妈妈一起收拾起来。

“茶茶啊,女孩子家,就要学习收拾整理。一个家,首先要整洁,再谈得上富裕。”茶茶外婆说。

“嗯。”茶茶一边扫地,一边应答。

“财神爷都喜欢干净整洁的家,家里乱七八糟的,连财神爷都不会登门。”

“嗯。”

“茶茶啊,有客人来,要笑脸相迎。客人走的时候,要送出家门,

请他们下次再来。”

“嗯。”

“客人走的时候，送些吃的用的，留个念想。”

“嗯。”

“亲戚之间，要走才亲，长时间不走，就生疏了。”

“嗯。”

……

夜深了。袁佳辉坐在窗前，从抽屉里拿出两把木梳，久久地看着。

这两把木梳，是袁佳辉当年为茶茶姐姐买的，但他一直没有机会送给茶茶姐姐。袁佳辉最想娶的人就是茶茶姐姐，他想：哪怕她一辈子每到油菜花开季节都发病，我也愿意娶她……

然而，茶茶姐姐嫁到王富根家后，便再也没有发过病。袁佳辉觉得，自己没有娶到茶茶姐姐，是对的，是上天的安排，只要她不发病了，过上正常人的日子了，自己心里苦一点，也没什么。

这两把木梳，一直留在袁佳辉的抽屉里。

2

哟嗬哟嗬哟嗬，
哟嗬哟嗬哟嗬，
哟嗬嗬——
谁家幺妹儿在淘菜，
谁家幺妹儿在淘米，
谁家幺妹儿在煮饭，
谁家幺妹儿在洗衣。
哟嗬哟嗬哟嗬，
哟嗬哟嗬哟嗬，
哟嗬嗬——
谁家汉子在挑水，
谁家汉子扶铧犁，
谁家汉子在撑船，
谁家汉子在锄地。

竹排上，胡子画家吼着山歌。他吼得很投入，吼得很抒情。

撑着竹排的陈大壮，似乎没有听懂山歌的内容，他只管四处张望,他在寻找茶茶,不知道她在窗前没有,他有事情想要迫不及待地找到她。

正好,茶茶到东码头洗衣服来了。

陈大壮把竹排撑到东码头,他上了岸,对茶茶说:“茶茶姐姐,我想赚钱。”

茶茶吃惊地望着陈大壮,一时不知道说什么好。

“我想赚大钱。”陈大壮继续说。

“哦……你们家需要用很多钱吗?”茶茶问。

“不是我们家要用钱。”陈大壮说。

“那,你给谁赚大钱呢?”茶茶问。

陈大壮东望望,西望望,然后压低声音对茶茶说:“佳辉哥哥要娶媳妇儿了,听说要花很多很多钱,我想帮帮他。”

茶茶没有说话,因为对陈大壮的话感到很惊讶,因为她不知道该对陈大壮说点什么。

“我听妈妈说,铁匠铺那个打铁嫂说的,他们家的黄兰兰是金凤凰,要好多钱才肯嫁,说佳辉哥哥给的彩礼太少,人家不肯嫁……”陈大壮说。

茶茶想起来了,前几天,打铁嫂在铁匠铺门口,高声地对一个询问黄兰兰婚事的熟人说:“我们家兰兰呀,可算是这镇里镇外百里挑一的金凤凰,手机、项链、手表肯定都要最贵的才配得上……金凤凰肯定要好房子大房子,如果在城里一套像样的房子都没有,嫁过去还有什么意思……”

“我决定了,从今天开始赚钱,帮佳辉哥哥办接妆。”陈大壮说。

“嗯……”茶茶若有所思。

“我还听我妈妈说，黄兰兰家办嫁妆的钱，也要佳辉哥哥来出，要好多好多钱才够啊。”陈大壮说。

坐在竹排上画画的胡子画家，仿佛听到了陈大壮的话，他看了大壮一眼，嘴角一翘，脸上露出了笑意，但他没有说话，他不想惊扰了大壮的秘密。

最后，大壮和茶茶商量，大家都努力赚钱，努力替他们的佳辉哥哥办接妆。

从那一天起，茶茶开始利用周末时间向游客们推销她的绣品了。以前，茶茶总爱挑拣一些绣品藏起来，舍不得卖，现在，她把这些绣品都拿出来，摆在外婆摆宝贝的博古架上，任游客们挑选。

“小姑娘，这个小荷包多少钱呀？”一个大姑娘问。

“姐姐，这个小荷包不贵，才三十块钱。”茶茶说。

“这么精致的小荷包，才卖三十块钱，的确不贵。”大姑娘说完，掏出钱来，买走了这个刺绣小荷包。

小荷包被买走后，茶茶后悔了：是不是真的卖得太便宜了？另外的小刺品，是不是该涨点儿价？

茶茶外婆仿佛看懂了茶茶的心思，她说：“茶茶啊，你那个小荷包，卖三十块，也不便宜。人家觉得便宜，是因为她喜欢。我们卖这些小东西呀，图个高兴的同时，还要讲求个公道，不卖高价，不骗钱财。”

茶茶心想：外婆说得也对，图个高兴，心情好了，就什么都好了。

茶茶把以前外婆送给她的那个无比精致的抱枕也摆出来卖，让茶茶外婆感到不可理解，她问茶茶："丫头，是不是哪里需要用钱？把这东西也拿来卖了，以前你不是把它当宝贝吗？正当的零花钱，你可以问我要。"

"外婆，我要赚钱。"茶茶笑着说。

"丫头，这么小，就开始存私房钱了？"外婆也笑了。

"嘻嘻嘻——"茶茶笑了，没有说赚钱的原因。

茶茶外婆觉得没必要去猜这小丫头的心思，或许已经猜透了这小丫头的心思，她笑了笑，便又埋头做布鞋。

陈大壮也在利用周末时间赚钱。

以前，陈大壮一直让胡子画家教他吹葫芦丝，经过点拨，陈大壮竟然能够有模有样地吹出几支曲子来了。胡子画家便网购了一个葫芦丝送给了陈大壮。这下正好，陈大壮准备用葫芦丝来赚钱。

星期六的上午，陈大壮帮妈妈磨过豆花后，便出发了。

"大壮，你准备把舞台设在哪里？"胡子画家问。

"竹排上。"陈大壮说。

"哦？"胡子画家以为自己没听明白。

"就在竹排上。"陈大壮重复了一遍。

果然，陈大壮把竹排撑到东码头，便靠了岸。然而，陈大壮并没有下竹排，他拿出先前做好的一幅标语，挂在竹篙上。标语上写着：

我卖艺，你捐钱。

挂好标语后，陈大壮拿出葫芦丝，站在竹排上，吹了起来。一曲《月光下的凤尾竹》下来，虽然吹得不那么好，还是得到了观众们的掌声。

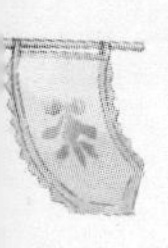

“小家伙,你拿什么装钱呢?”有个中年男子喊了起来。

这时候,陈大壮才发现,自己竟然忘了带个东西来装钱。一着急,他把平日里放在竹排上用来装鱼的桶拿到前面来,笑了笑,仿佛在说:“大家把钱丢在桶里吧。”

“哟,好家伙,吹一小曲,还想装一桶人民币回去啊?”

“哈哈哈——”

大家都笑了起来。

玩笑归玩笑,观众中,还是有一些人拿出或多或少的钱,丢进了陈大壮的桶里。

快到中午了,陈大壮该回家吃饭了。当他的竹排停在离家不远的那个小渡口的时候,正在那里画画的胡子画家见陈大壮的桶里装着一些零钱,大笑着说:“哈哈哈,第一桶金,这是名副其实的第一桶金呢。”

陈大壮一边整理里面的零钱,一边笑着说:“我要把它们存起来,做大事。”

胡子画家也笑了,他没有说话,他认为,一个孩子有属于自己的秘密,挺好。

回到家里,陈大壮乐呵呵地替妈妈招呼客人:给客人倒茶水,给客人舀豆花,给客人添饭,给客人上菜……

“大壮,今天捡到金子了?怎么老是笑啊。”大壮妈妈问。

“嗯,真的捡到金子了。”陈大壮说。

大壮妈妈当然不相信陈大壮的话,便也没再问。

“大壮,你小子能耐啊,学会赚钱了。”大壮爸爸踩着饭点儿回来了,他人还没进到屋里来,声音倒是先进了屋。

“呃——”大壮吐了吐舌头,然后假装口渴,喝起了老茶。

“大壮,把你赚的钱拿出来孝敬老汉儿。”大壮爸爸一手抓住大壮的胳膊,另一只手伸到大壮面前,真摆出了一副要钱的架势。

“嘻嘻嘻——根本就没有赚到钱。”陈大壮笑嘻嘻地说。

“没得孝心的东西!”大壮爸爸松开大壮,猛喝了几口老茶,说,“我在老街听说你赚钱了,我赶紧回来看看,结果是竹篮打水——一场空。”

大壮爸爸当然不指望陈大壮能赚多少钱,只不过对老街上人们的传言感到好奇而已。他喝饱了老茶后,对陈大壮说:“大壮,好好读书才是硬道理。如果书实在读不好,就好好跟你妈学做生意,将来不要指望我给你多大的家当……”

陈大壮可不管这些,他趁爸爸没有注意到自己,溜进房间里,把刚才藏的钱,又藏了一遍,心想:一定不能让爸爸把钱找到,否则,我辛苦赚来的给佳辉哥哥办接妆的钱,铁定成了爸爸的茶钱和酒钱。

陈大壮除了吹葫芦丝赚钱,他还一本正经地向胡子画家学习画画。

“大壮,怎么一下子这么努力地学习画画了?”胡子画家问。

“我要卖画赚钱。”大壮说得很直接。

“噢,赚钱来用在哪里?”胡子画家假装不知道。

“嗯……买故事书。”陈大壮撒了个谎。

不过,陈大壮明显不是会撒谎的孩子,他这话一说出来,脸就红了。胡子画家当然也知道陈大壮在撒谎,但他绝对不会揭穿陈大壮的谎言,他知道保护一个小小男子汉的秘密是多么的重要。

胡子画家一边调颜料,一边说:“大壮啊,你现在的画还不能拿去卖。”

“为什么呢？你觉得我画得不好吗?”陈大壮问。

“也许你现在觉得画得好,但在将来的某一天,你再看到你现在画的画,就会觉得不好了,就会为当初卖了一幅自己不满意的画而后悔。”胡子画家说。

“哦……”陈大壮想了想,说,“胡子叔叔,你后悔过吗?”

胡子画家想了想,说:“后悔过。”

陈大壮仿佛也像胡子画家一样,要保护一个男子汉的秘密,他也没有再继续追问下去。

一天,陈大壮放学回家来的时候,胡子画家坐在院子里喝老茶。见陈大壮回来了,胡子画家把身边的一幅画展开,让陈大壮看。

“呀,画的是我吗?”陈大壮又惊又喜。

“你说呢?”胡子画家反问道。

“是我,真的是我。”陈大壮开心地说。

“嗯,送给你。”胡子画家把画递给陈大壮。

陈大壮接过这幅画,认真地看起来。画上画的是陈大壮在竹排上吹葫芦丝,吹葫芦丝的陈大壮,面带羞涩,看起来着实可爱。

看着画上的自己,陈大壮不好意思地笑了。

“你可以拿去卖钱。”胡子画家笑着说。

陈大壮赶紧把画藏在身后,说:“才不卖呢,我要把它珍藏起来。”

“你不是要赚大钱吗?”胡子画家说。

“嗯,我是想赚大钱,但这幅画我不能卖。”陈大壮说。

胡子画家笑了笑,没有说话。

没过几天,陈大壮撑着竹排,准备去东码头吹葫芦丝的时候,见胡子画家在卖画。陈大壮想:胡子叔叔肯定又缺钱花了。

近了,竹排离东码头近了。陈大壮发现,胡子画家挂出来的画中,有一幅是自己帮妈妈添磨磨豆花的场景,画得很生动,陈大壮好喜欢。

“我要这幅,好有生活情趣!”一个游客指着磨豆花的这幅说。

“好的,谢谢您的喜欢!”画家取下这幅画,卷起来,用事先准备好的布袋装好,递给了那位游客。

其实,陈大壮真是舍不得胡子画家把这幅画卖掉,他真想像对待之前吹葫芦丝那幅画一样,把它珍藏起来。

因为胡子画家在,陈大壮没好意思吹葫芦丝,他躺在竹排上,等胡子画家卖了画,便载着胡子画家回石龙门去。

“大壮,今天怎么不卖艺了?”胡子画家微笑着问。

“呃,有画家师父在,徒弟不敢……不敢……不敢卖斧。”陈大壮想了好一会儿,就是想不出那个成语来。

“哈哈哈! 班门弄斧。”胡子画家说。

“对对对,班门弄斧。”陈大壮说,“看来,我还要多读成语书,多记成语故事。”

“大壮,你这是要赶超叔叔的节奏啊。”

“嘿嘿,超不过,叔叔是大画家,我永远都超不过。”

“大壮,可不能这样说啊,在画画方面,你悟性好,如果你愿意好

好学，我一定会好好地教你。”

“好啊，君子一言……多少马？要多少马才能追？”陈大壮又忘词儿了。

“哈哈哈，君子一言，驷马难追。”胡子画家又笑了。

“嘿嘿，知道了，君子一言，驷马难追。”陈大壮的脸又红了，他说，“那么，我用八匹马，两倍的马，能追得上吧？”

“哈哈哈！”胡子画家大笑着说，“我说的话，你就是派十六匹马来追，也追不上。”

“嘻嘻嘻，胡子叔叔，我哪有那么多马呀，我只有这竹排，走水路。”陈大壮。

“大壮，聪明。”胡子画家竖起了大拇指。

陈大壮把胡子画家送回石龙门庄园后，又自个儿撑着竹排，来到了东码头。他和上次一样，挂出了一幅标语。不过，这次的标语可不是上次的“我卖艺，你捐钱”，而是“卖艺圆梦，其乐无穷”。然后，陈大壮拿出葫芦丝来，吹了一曲轻快的《粉刷匠》，引来不少观众。

见到这么有意思的标语，听了优美轻快的曲子，大家纷纷拿出零钱，丢进了陈大壮的桶里。

“大壮，你这只鱼桶，都要变成金桶了。”镇上一个老人笑着说。

“嘻嘻嘻——”陈大壮只是笑，没有说话。

这一次，陈大壮又是满载而归。

大壮爸爸再次听到关于他的儿子卖艺赚钱的消息，他飞奔回家，大喊：“大壮，大壮，出来，爸找你有事。”

没有听到大壮的回音,倒是大壮妈妈从屋里出来,问:“你一惊一乍的,怎么回事儿?”

“大壮呢?”大壮爸爸问。

“还没回来。”大壮妈妈说。

“狗崽子,竟然超过老子,比老子还会赚钱。”大壮爸爸大声吼道,“真是不像话,看老子怎么收拾他。”

住在隔壁的胡子画家从门缝里看到了大壮爸爸的架势后,便悄悄地出了门。

“大壮喜欢网鱼,他是不是卖鱼去了?”大壮妈妈问。

“他网的都是些小虾米,哪个会买?”大壮爸爸说,“这狗崽子,这么小就开始做发财梦了,看我不收拾他。”

这会儿,大壮正朝回家的路上走呢,眼见着就进庄园来了。

“大壮。”胡子画家突然从一间破屋里闪出来,拉着陈大壮,藏到了那间没有人住的屋里。

“叔叔,这是要玩庄园寻宝游戏吗?”陈大壮见胡子画家这么神秘,以为要和自己玩游戏呢。

“你老爸知道你赚钱了。”胡子画家说。

“啊?”陈大壮着急了,“完了,他肯定要抢我的钱。”

“嘿嘿,鬼精灵。”胡子画家点了点陈大壮的额头说。

陈大壮从口袋里掏出一把零钱,塞进胡子画家的手中,说:“胡子叔叔,你帮我存着,千万不要让我爸看见这钱,他会拿去买酒喝。”

“好吧,我帮你存几天,等你觉得安全的时候,把它们接回家去。”胡子画家笑着说。

“好，谢谢叔叔！”陈大壮说。

陈大壮像往常一样，飞奔进自家的院子。

“大壮，过来！”大壮爸爸用命令的口气吼道。

陈大壮早有预料，他假装愣了一下，然后做出极不情愿的样子，走到爸爸身边。

大壮爸爸伸手捏了捏陈大壮的衣服口袋，又捏了捏陈大壮的裤子口袋，的确是什么也没捏到。

“钱呢？”

“早上妈妈给我一块钱，我花了。”

“我说的是你赚的钱。”

“我还小，赚不到钱。”

“你个狗崽子还不承认，都说你卖艺赚钱。赶紧把钱给我交出来。”

“我没有赚到钱。”

“都说你赚到钱了。”

“嗯，有几块钱，我给那个讨饭的了，他说他两天没吃东西了。”

“狗崽子，老子养你这么多年，还不如讨饭的叫花子。”大壮爸爸一边骂一边进屋去了。

陈大壮这才舒了一口气，他想：要不是胡子叔叔，今天自己一进家门，铁定被“抢劫”。

第二天，陈大壮把自己藏在家里的钱拿出来，又到胡子画家那里拿了钱，他没有撑竹排，而是一路小跑，跑到老茶坊门口，探出小脑袋，朝里面张望。正巧，茶茶在大厅里扫地，看见了陈大壮，便来到了院门口。

陈大壮把一个纸包塞给茶茶，低声说："茶茶姐姐，这是我赚的钱，存在你这里，到时候给佳辉哥哥办接妆用。"

"你怎么不自己存着?"茶茶问。

"我爸爸会抢我的钱，抢去喝酒。"陈大壮说。

"嘻嘻，好吧。"茶茶听陈大壮说他爸爸会抢他的钱，忍不住笑了。

一个周末，茶茶和陈大壮凑在一块儿，数着他们赚的钱。他们越数越兴奋，觉得很有成就感。陈大壮提出要拿回自己赚的钱，说要去买东西。

"你不怕你爸抢你的钱了?"茶茶问。

"我直接去店里。"陈大壮说。

"嗯，路上注意安全，千万别碰上你爸。"茶茶非常认真地叮嘱着。

"嗯，谁都可以碰到，千万不要碰到我爸。"陈大壮说。

陈大壮拿着钱，刚走出两步，又回过头来，对茶茶说："一会儿我在窗外学鸟叫，你就出来。"

"嗯。"茶茶应答道。

陈大壮拿着他赚的钱，到古镇的珠宝店里，买了两条银项链后，又飞快地跑到了茶茶家的窗下，学起了鸟叫。

茶茶出门见到大壮，大壮递给她两个盒子。

"这是什么?"茶茶不敢打开。

"两条项链。"陈大壮说。

“怎么是两条?”茶茶问。

“一条给佳辉哥哥当接妆,一条送给你。”陈大壮不好意思地说。

“为什么要送给我?”茶茶说这话的时候,脸也红了,还有点生气。

大壮想了想,说:“我……我不是那个意思。你把它收着,将来你出嫁的时候,拿它当嫁妆……万一那时候我不在这里了,就看不到你出嫁了。”

“你为什么会不在这里了呢？难道你们要搬家?”茶茶问。

“没有说要搬家。我说的是万一,是万一。”陈大壮说。

3

袁佳辉的婚期临近了,茶茶一家都很快乐,也很紧张。

傍晚时分,茶茶去帮妈妈收菜摊。

“妈妈,收摊吧,这么晚了。”茶茶说。

“再等等,多卖一斤,多赚几角钱。”茶茶妈妈说。

茶茶妈妈这句话,被隔壁卖菜的张嫂听见,她一边收拾菜筐,一边高声说:“冯大嫂,你还缺那几角钱啊？你们家除了小茶在念书外,个个都在赚大钱。”

“嘁!”茶茶妈妈说,“张嫂啊,我们家就是把房顶的瓦片儿卖完,也凑不起到城里买房的首付啊。”

“哟,妖精十八怪,看来你们真是有钱啊,都准备到城里买房子了,啧啧啧——”张嫂说。

“老茶坊的屋我都住不完,我还到城里买房子,我疯了差不多。”茶茶妈妈说,

张嫂何等精明,她一下子就反应过来了,她走到茶茶妈妈身边,压低了声音问:“黄兰兰要在城里买房子才肯嫁到你们家来?黄兰兰一家这么老实,这个主意,怕是打铁嫂出的吧?只有她的心才有这么大。”

茶茶妈妈当然也知道这是打铁嫂给黄兰兰一家出的主意,她嘴上却说:“姑娘家想要图个好生活,也是应该的。”

张嫂摇了摇头,说:“唉,现如今的姑娘啊,简直就是嫁给钱,嫁给房子。”

茶茶和妈妈又守了好一会儿菜摊,倒是卖了几斤白菜,也算是没有白等。

在收摊的时候,茶茶发现,妈妈的头发丛中,有几片碎菜叶子。她在替妈妈拿掉菜叶子的时候,发现妈妈头上那两朵花已经脏了。

收了摊,在回家的路上,茶茶拐进了一家饰品店,给妈妈新买了两朵花,依旧是一朵红,一朵绿。

“茶茶,要节约。”茶茶妈妈看见这两朵花的时候,对茶茶说。

“嗯。”

茶茶知道,妈妈是在为黄兰兰要买房子的事发愁。要是在以往,妈妈会非常及时地买两朵花来把头上脏了的坏了的花换掉。茶茶妈妈没有多少爱好,就是抽抽叶子烟,戴两朵大花,卖菜的时候说说脏话而已。

茶茶和妈妈回到家里,茶茶外婆已经做好了晚饭,她坐在大厅

里，一边纳着千层底，一边等着大家回来。

吃过晚饭，一家人和往常一样，坐在大厅里摆龙门阵。以往，茶茶外公会说说白天茶客们来讲的新鲜事，茶茶外婆会说家里的油盐柴米酱醋等应该添置哪些了，茶茶爸爸通常不说话，袁佳辉会说说到铁匠铺里来买铁货的人的言行，茶茶妈妈开口就骂那些买菜的人尖酸舍不得出钱，等等。茶茶也只是听听，不说话。

今天，刚坐下来的时候，大家都没有说话，但心里想的一定都是同一件事:袁佳辉的婚事。

见大家都不说话，茶茶外婆开口了:“这几天，清点了一下存折上的钱，邮政的、农村商业银行的，加起来是有一笔钱，但还不够兰兰家后来追加的彩礼钱。”

大家没有说话。

“佳辉的钱也存在我这里，我不打算动这些钱。”茶茶外婆说。

“都拿出来，放在一起开支。”袁佳辉说。

“佳辉的钱，要留给他成家后开支。”茶茶外婆继续说，“兰兰家的要求是有点高，不过我们也怨不得人家，人家养了这么一个黄花大闺女，我们给些彩礼钱也是应该的。城里买房子是有困难，但现在大家都爱到城里买房子，也为将来作打算，我看也说得过去。”

对黄兰兰家对彩礼和买房子的要求，茶茶外婆不但没有抱怨，还认为是好事。

“多置些家产是应该的，这样可以逼着我们节约，逼着我们聚财。”茶茶外婆说，“不过，买房的首付，的确也不够，大家都想想办法，能借就想办法借一些，将来慢慢还……”

听到外婆说这些，茶茶在心里想：将来我就不要彩礼，我自己挣钱买房子，不要人家的钱……

茶茶在想这些的时候，又仿佛听见外婆在训斥自己：你这丫头真是不懂事，女方要彩礼是表示自家姑娘的金贵，如果便宜嫁到男方家，男方是不会稀罕你的……

茶茶以前听外婆说起过这样的话，所以，她的耳边才会再次响起这些话来。

今天晚饭后的龙门阵，算是一次家庭会议，由茶茶外婆一个人给大家讲要正确对待黄兰兰家提出来的彩礼和购房要求这件事情。家庭会议快结束的时候，袁佳辉说："钱的事，大家就不要操心了，实在凑不齐，我就去银行贷款，结婚后慢慢还……实在不行，这婚就不结了……"

"对，不结了。"茶茶在心里说。

"佳辉，"茶茶外婆打断了袁佳辉的话，说，"婚期都定好了，亲朋好友都通知了，哪能说不结就不结了？这是终身大事，不是小娃娃办家家。钱的事，你不用管，我们来想办法。"

外婆的话，一向都是这个家的最高旨意，没有足够充分的理由，谁也不会驳斥。

散会后，各自回房。茶茶拿着陈大壮买的银项链，来到袁佳辉的房间，把项链摆在袁佳辉面前。

"小茶，这是你买的？"袁佳辉看见项链后问。

"我和陈……嗯，我买的。"茶茶说。

"你这么小，戴这个好像不太合适。"袁佳辉笑着说。

“这是给你当接妆用的。”茶茶说。

袁佳辉愣了愣，说：“小茶啊，我的婚事，不用你来操心，你还小，不要想着大人的事。”

“我都上初二了，不小了，我也可以为你们分担一点，哪怕只有那么一点点。”茶茶想了想，又说，“我买不起金项链，只能买银项链，你不要嫌弃……”

“不嫌弃，我想，兰兰也不会嫌弃，她很喜欢你呢。”袁佳辉说。

听了袁佳辉的话，茶茶非常开心，她说：“佳辉哥哥，好好想办法，一定要把兰兰姐娶回来。”

“应该叫嫂子了。”袁佳辉说这话的时候，脸有点红。

“嘻嘻，对，叫嫂子。”茶茶说完，吐了个舌头，跑出了袁佳辉的房间。

周末的时候，茶茶和陈大壮又碰了头，他把自己卖小鱼小虾的钱交给茶茶，一共三十五块六。

“茶茶姐姐，我会加油的。”陈大壮说。

茶茶对陈大壮说：“我把最喜欢的那个抱枕卖了，你猜我卖了多少钱？”

“五十？”陈大壮说。

在陈大壮眼里，能卖五十元就已经很不错了。

茶茶摇了摇头。

“五十六？”陈大壮说。

“再猜。”茶茶说。

“七十？”陈大壮说。

茶茶又摇了摇头,表示让陈大壮继续猜。

“天啊,你不会卖了八十元吧?”陈大壮的表情已经夸张起来了,他说,“我网一天的鱼,才卖十几块钱。”

“继续猜。”茶茶笑着说。

“天啊,你不会卖了一百元吧?”陈大壮的眼睛瞪得大大的。

“嘻嘻嘻——”茶茶笑了,她说,“你知道吗？手工绣品是很值钱的。买我的抱枕的游客,是一个刺绣收藏家,他非常喜欢我绣的抱枕,说要买回去好好收藏。”

“到底卖了多少钱呢?”陈大壮特别想知道茶茶卖了多少钱。

“我喊价八十……”

“我之前不是猜对了吗?”陈大壮抢过茶茶的话茬儿。

“我的话还没有说完呢,你急什么呀。”茶茶说,“我喊价八十,他给价一百六。”

“天啊！一百六!”陈大壮张大了嘴巴,说,“如果你绣十个抱枕,不就可以卖一千六百块钱了？你不用上学了,天天绣抱枕吧。”

茶茶想了想，说："我还是要上学。那个游客买过抱枕后，对我说：'小姑娘，好好读书，将来成为研究刺绣的专家。'不多学点知识，将来怎么去研究刺绣呢？"

陈大壮也想了想，说："嗯，也是。我也要多学点知识，将来成为葫芦丝专家，或者是画家，或者是竹排专家。"

"嘻嘻嘻——我还没听说过竹排专家呢。"茶茶笑了。

"嘿嘿——"陈大壮也不好意思地笑了。

笑过之后，茶茶和陈大壮又回到了袁佳辉的婚事上来。茶茶告诉陈大壮：黄兰兰家追加了许多彩礼，是以万为单位的钱，黄兰兰家还要求在城里买房子，城里的房子可贵了，家里连首付都凑不齐。

"什么叫首付？"陈大壮问。

"听说是先付一部分钱，另外的钱可以用房产证去银行贷款，然后再每个月还一点。"茶茶解释说。

"嗯，我们先替佳辉哥哥赚首付的钱，然后，每个月继续帮他还钱。"陈大壮说。

"我们赚的这点钱，买点小东西还可以，比如袜子、皮带之类的，买房子可是要好多万，我们根本帮不上忙。"茶茶说。

"要这么多钱啊……这就是他们说的卖姑娘吧？"陈大壮说。

"呃——"茶茶想了想，小声说，"以后，我也会被这样卖出去吗？"

陈大壮没有听清楚茶茶说的话，他说："茶茶姐姐，去网鱼赚钱，你和我一起去吗？"

"我不去了，我回去帮外婆做饭。"茶茶说。

“不过,你绣花可比我网鱼赚钱多了,你还是回去绣花吧。”陈大壮说完,飞快地朝东码头跑去,他的竹排在那里等着他呢。

“张打铁”铁匠铺里,茶茶爸爸和袁佳辉,还有另外一些小工,都在汗流浃背地干着活儿。火炉里,那一块块烧红的铁块,从火膛里夹出来后,放在锤台上,被大铁锤用力地锤着,锤成想要的形状后,扔进冷水里,“哧溜”一声响,还冒着热气。有些铁块需要反复烧,反复锤,才能锤成想要的形状。

打铁嫂总喜欢有事无事地在铺子里走动,她不是在学习打铁,而是提醒大家不要偷懒。

“我们家的兰兰马上就要出嫁了,佳辉的父母都在天上,他自个儿拿不出彩礼钱来,也买不起城里的房子,倒是正常的。”打铁嫂说着说着,便走到了袁佳辉身旁,继续说,“佳辉啊,你在我这铺子里这么些年,我可没有亏待你哦,工钱一分也没有少你的,你就不知道省着点用,存点钱来娶媳妇? 唉,没娘没老子疼的人,真是可怜……”

听到打铁嫂说这些,袁佳辉没有说话,倒是茶茶爸爸的脸色有点难看,但他还是保持沉默,只是把心里的那份气,都用在了铁锤上,他轮起铁锤,使劲地砸着刚出炉的烧红的铁块:“哐——哐——”

“佳辉啊,成了亲后,就让你媳妇来铺子里结算工钱。家里的钱财,还是要由媳妇来打理,才能聚财。”打铁嫂说,“自己的辛苦钱,莫让外人平白无故地花了,多可惜……佳辉啊,你放心,你成家后继续在我这里做工,我不会亏待你的。我再怎么也不会亏待自个儿娘家的亲戚呀……”

打铁嫂真是尖酸刻薄,再难听的话她都能说出来。

袁佳辉没有回话，还是埋头打铁。他心里有杆秤，谁对他好谁对他不好，他心里自然知道。这些年，茶茶家一直把他当自家人对待，他在铁匠铺赚的钱，茶茶外婆一分不少地给他存着。这次娶黄兰兰，茶茶家把自家的存款都拿出来了，还是不够……

袁佳辉真想放弃这桩婚事。可是，他知道，如果放弃了这桩婚事，会伤害到黄兰兰，会让家里人都不安。他只有和家人一起想办法，努力把这桩婚事办好。

袁佳辉和黄兰兰的婚期一再逼近，一家人都在努力地准备着，希望袁佳辉的婚事能够喜庆圆满。

这些天，天气出奇的闷。鬼老头也总是在傍晚时分出来，要么一身白，要么一身黑，一边跑一边念："要出事，要出事……"搞得古镇上的人们都心中不安。

4

夜晚，茶茶外婆在房间里绣肚兜儿。茶茶做完作业后，也拿着针线过来陪着外婆。

"衣服两套，梳子两把，袜子两双，手表一块，手机一个，项链一条……还有冰糖啊，白糖啊，"茶茶外婆一边绣着肚兜儿，一边说，"该准备的接妆，我都准备好了。鸡鸭都养在圈里，两块离妈肉，等杀猪的时候再割。"

"嗯。"

"那边的嫁妆，也准备得差不多了。"茶茶外婆继续说，"四铺四盖,冰箱电视洗衣机,还是很观瞻。佳辉这媳妇,娶得有光彩,他爹妈和婆在天上看到,也会笑的。”

茶茶外婆说得很自豪。

“现在就差追加的彩礼和城里的房子了,唉!”茶茶外婆叹了一口气,说,“首付还缺钱啊……这钱啊,可是硬头宝啊,地上不长,天上不掉,用得快,找得慢……有句老话说得好:‘找钱犹如针挑土,用钱犹如水冲沙。’茶茶啊,将来一定要勤俭持家……”

外婆总是这样,在某件事情上说着说着,便开始给茶茶讲一些道理。不过,茶茶爱听,她就喜欢外婆絮絮叨叨地讲一些久远的话。

“茶茶啊,各家各户养个闺女都不容易,人家在出嫁的时候,要点彩礼都是正常的。”茶茶外婆说。

“姐姐出嫁的时候,要了多少彩礼呢?”茶茶问。

“鹰儿出嫁前啊,我们还没有提彩礼的事,富根他娘却很懂事,把该行的礼都行了,我们也没什么可说的了。”茶茶说,“王家虽然没有万贯家财,但你姐嫁过去也总算是不愁吃不愁穿,婆婆对她也好,我也就放心了。”

茶茶在心里想:将来我出嫁的时候,我们家会向别人家要多少彩礼呢?也会问人家要一套房子吗?如果什么都问人家要,真是丢脸啊……

同样的,在石龙门庄园自家院坝里做作业的陈大壮,也在想同样的问题:茶茶家给兰兰姐买到房子没有?将来我娶媳妇的时候,人家会管我要多少彩礼呢?会不会管我要一套房子甚至是两套或三套呢?如果什么都管我们家要,那怎么办……

“唉!”陈大壮竟然叹息起来。

“大壮,你一个小娃崽,叹什么气?”在一旁喝老茶的大壮爸爸问。

陈大壮转过头去朝屋里看,没有看到妈妈的影子,他压低声音问:“爸,你娶妈妈的时候,妈妈要了多少彩礼? 有没有要你在城里买一套房子?”

大壮爸爸掏出一支烟来,点燃,深深地吸了一口,说:“当年,我们陈家什么都不缺。”

“那么发财啊?”陈大壮好奇地问。

“当然。”大壮爸爸又深深地吸了一口烟,说,“什么都不缺,就缺钞票,也缺房子。”

“嘻嘻嘻——”陈大壮忍不住笑了,说,“那其实就是什么都缺。”

“狗崽子!”大壮爸爸骂了一句,他大概是觉得儿子揭了他的老底,说,“我们陈家除了人,什么都缺。”

“爸,那你是怎么把妈妈娶过门来的呢?”陈大壮问。

“你爸,我,有的是本事。”大壮爸爸深深地抽了一口烟,还喝了一口老茶,说,“当年,你外公外婆都还在,他们就你妈妈这么一个女儿,当然会管我要彩礼,还要我新建几间像样的房子。”

“你给了多少彩礼? 你建的房子呢?”陈大壮说完,回头看了看自家的几间屋,觉得都不像是新建的。

大壮爸爸深深地吸了一口烟,这支烟就算被他吸完了。他喝了一大口老茶,压低声音说:“这事啊,可别让你妈听见了,她听见一回,就跟我闹一回。”

“嗯,我不告诉她。”陈大壮小声说。

“咳咳咳,”大壮爸爸清了清嗓子,像是要讲一件很重要很光彩的事情,他说,“当年啊,我就对你那没有见过面的外公外婆说:钱,我可以拼命去赚,但是,如果我累出毛病来了,将来你家姑娘就得受一辈子苦。我还说:我还可能会去抢劫,如果被逮住了,打断了腿,或者是被关进了监狱……”

“哇!”陈大壮听得瞪大了双眼。

“别打断大人说话,没大没小的。”大壮爸爸说,“我的话还没有说完,你外公就说:彩礼和房子都不要了,你们陈家那些老房子,听说算是受保护建筑了,也很值钱,结婚后,你好好对待月娥就可以了……”

说到最后一句“你好好对待月娥就可以了”的时候,大壮爸爸显得很神气,仿佛立功归来的英雄一样。

大壮爸爸又喝了一口老茶,用比刚才更神气的语气说:“大壮啊,将来你娶媳妇的时候,如果没有彩礼钱,如果没有买房子的钱,爸爸教你……”

“你怎么教大壮啊?现在好好赚钱才是真,可别到时候拿不出彩礼钱来,害大壮娶不到媳妇。”

呀,是大壮妈妈站在大壮爸爸的身后说话,她正抱着许多菜往屋里走。大壮爸爸一看,刚才还坐在一旁的大壮,已经没有了身影。

“这狗崽子,又跑了。”大壮爸爸骂了一句,又抽出一支烟来,点燃,猛吸。

大壮在爸爸的话里受到了启发,他拼命地往茶茶家跑,并且还

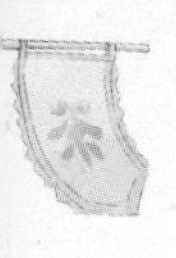

一边跑一边想着怎么完成这个计划……

今天是赶集日，茶茶和陈大壮守在横街子和老街的交叉口处，等待着黄兰兰的到来。

黄兰兰通常都会趁赶集的机会，到铁匠铺她姑姑家来坐坐，看起来是给打铁嫂带些自家种的蔬菜来，其实谁都知道，她是来看袁佳辉的。每到那时候，黄兰兰坐在门口和打铁嫂拉家常，袁佳辉还是如往常一样努力地打铁，相互之间看起来没有说话，但他们却在进行心灵的交流，彼此都会感到温暖。

“来了，来了。”黄兰兰还在老远的地方，眼尖的陈大壮便看见了她。

黄兰兰背着一个小背篓，背篓里肯定装着一些蔬菜。

近了，近了，陈大壮深深地吸了一口气，双手还反复地搓了又搓，仿佛马上就要解决一件非常棘手的事情。

“茶茶姐姐，你准备好了没有？”陈大壮问这话的时候，连声音都在颤抖，准是太兴奋太激动了。

“我准备好了。不过，她会不会听我们的，我就不知道了。”茶茶说，“大壮，兰兰姐是一个很随和的人，你不要那么紧张。”

“嗯。”陈大壮说。

黄兰兰刚进横街子，茶茶和陈大壮便迎了上去。

“兰兰姐。”茶茶甜甜地叫了一声。

“茶茶，你是在这里玩儿，还是特意在这里等我呀？”黄兰兰看了看陈大壮，笑着说，“哟，还有一个跟屁虫呢。”

“嘿嘿。”陈大壮吐了吐舌头，觉得有点不好意思。

“兰兰姐,我是特意在这里等你。”茶茶说。

“等我有什么事吗?”黄兰兰问。

“我想和你说说话。”茶茶说。

“好啊,我们边走边说吧。”黄兰兰说,“我好像有两周没有见到过你了,也想和你说会儿话。”

“兰兰姐,你今天又背了什么菜来呀?背得累不累?要不要我帮你背一背?”茶茶没话找话说。

跟在一旁的陈大壮觉得茶茶的话和他们之前商量好的不沾边儿,有点急了,他碰了碰茶茶,冲着茶茶皱了皱眉头,还眨了眨眼睛,意在提醒茶茶:说该说的话。

可是,茶茶却不知道该从哪里说起,一时找不到合适的词儿来开头。

黄兰兰看到陈大壮的神情,知道这两个小家伙有话要说,便说:“茶茶,你们是不是要和我说什么事儿啊?”

“嗯……也没有什么事儿……”茶茶吞吞吐吐，她总觉得不好意思把那些话说出来，她怕惹黄兰兰生气，更怕外婆怪她冒冒失失，没有规矩，小孩子没大没小地去管大人的事。

眼见着已经走到老街，眼见着就要走到老茶坊，眼见着就要走到“张打铁”铺子了，陈大壮一急，急走两步，横在黄兰兰面前，说：“兰兰姐，我们有话要对你说……”

见陈大壮这架势，黄兰兰一愣，停了下来，说：“大壮，你们有什么急事儿吧？赶紧说吧。”

“你们家向佳辉哥哥追加了那么多的彩礼钱，还要一套城里的房子，真是太为难佳辉哥哥了。”陈大壮像放连珠炮似的说，“钱，佳辉哥哥可以拼命去赚，但是，如果他累出毛病来了，将来你就得受一辈子苦。佳辉哥哥还可能会去抢劫，如果被逮住了，或者断了腿，或者是被关进了监狱……”

陈大壮说着说着，发现茶茶竟然不见了，他也只好一溜烟逃跑了，留下黄兰兰一个人愣在老街上，看着“张打铁”铺子发呆。

陈大壮在老街上找了个遍，也没有找到茶茶，他想：茶茶是不是生我的气了？如果兰兰姐也生我的气，不嫁给佳辉哥哥了，那我可闯大祸了……

“嘿！”

一个声音，把一边走一边想事儿的陈大壮吓了一大跳。

陈大壮定神一看，原来是茶茶。

“刚才你怎么跑了？”陈大壮问。

“我……我怕兰兰姐生气。”茶茶说，“我想，我跑了，你也会跟着跑，就不会说那些会惹大人们生气的话了。”

“可是，我把那些话都说完了。”陈大壮说。

“你真的把你之前背给我听的那些话都说完了？”茶茶可吓坏了。

“是的，我说完了。”这会儿，陈大壮反而显得很平静。

“天啊！”茶茶着急起来。

“茶茶姐姐，那些话是我一个人说的，我一人做事一人当，不关你的事。”陈大壮说，“如果大人们问起来，我一个人承担，我不怕。”

这会儿，陈大壮完全就是一个小小男子汉的模样。

黄兰兰听了陈大壮的话以后，站在老街的青石板上愣了一会儿，便如往常一样，走进了铁匠铺。这一天，正好打铁嫂走亲戚去了，黄兰兰把菜放下来以后，便坐在铁匠铺门口，帮忙卖铁货。

张打铁是一个比打铁嫂讲情理的人，他见黄兰兰来了，便对袁佳辉说：“佳辉，兰兰来了，你去跟她说会儿话，算是帮我卖铁货。”

袁佳辉在铁货摊前坐了下来。然而，满腹心事的他，此刻真不知道该和黄兰兰说些什么。

昨天晚上，茶茶外婆对袁佳辉说：“佳辉啊，房子的首付，快要凑齐了，你不用担心，特别是在打铁的时候，一定不要分神啊，铁锤和烧红的铁块，可是不长眼睛的。”

袁佳辉知道，这段时间，家里在向亲戚朋友们借钱，就为了他结婚要在城里买房子的事情。

“外婆，不用再借了，不用买房子。”袁佳辉说。

“佳辉啊，买房子是迟早的事情。”茶茶外婆说，“你和兰兰成亲

后,不可能一直住在这里,就算你愿意,兰兰也不一定愿意。给你们买个房子,将来你们可以住到城里去,做个小本生意也不错。”

袁佳辉不是不同意外婆的说法,可是,买房的首付,凑不齐啊……

“佳辉,追加彩礼,到城里买房子,都不是我们家的想法,是我姑姑说的……”黄兰兰说,“她说,嫁姑娘就要嫁出个名堂来,现在不把房子要到手,将来自己赚钱买房子,会累死个人……”

“哦……”袁佳辉说,“我在想,我们结婚后,就去城里租间房子,然后打工,也可以做个小生意,等挣到钱了再买房。如果你不愿意,也没关系……”

“我和我爸妈都没有要你到城里买房的意思。”黄兰兰说,“我爸妈说,如果城里有房当然好,如果没有,也不能硬逼。他们还说,只要你勤快,将来什么都会有。我已经想好了,把我们家在镇上的老房子收拾出来,我们可以住在那里,你可以继续打铁,我可以开个饭馆或别的什么铺子,如果你不想在这里打铁了,就回家帮我做小生意……”

黄兰兰的一席话,让袁佳辉长长地舒了一口气。

当天晚上,袁佳辉把黄兰兰的话告诉了大家,大家也同他一样,长长地舒了一口气。茶茶外婆欣慰地说:“我们家娶兰兰,真是没有看错,的确是个好姑娘。”

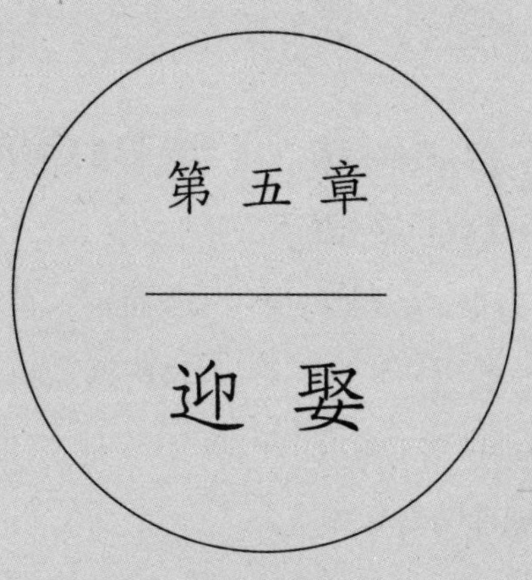

第五章

迎娶

1

夜,已经很深了。袁佳辉却在床上翻来覆去地睡不着。

婚期渐近,袁佳辉却越来越不安。

和黄兰兰的婚事,是茶茶外婆一手安排的。黄兰兰也的确是个好姑娘,善良,勤劳,模样儿也不错,大家都说,能娶黄兰兰,是袁佳辉前生修来的福。再加上黄兰兰和袁佳辉的八字也合,茶茶外婆就更加认定黄兰兰这个外孙媳妇了。

然而,袁佳辉的脑子里,闪现的却是茶茶姐姐那张忧郁的脸,那双忧郁的眼睛。

袁佳辉的思绪,回到了茶茶姐姐出嫁那一天,他仿佛又听到了茶茶姐姐的闺中好友们在骂媒:

背时媒人没良心,
牵起姑娘跳火坑,
背时媒人坏透顶,
牵起姑娘嫁憨人。
……

“花轿到——”

袁佳辉仿佛听到有人喊“花轿到”的声音,还听到了茶茶姐姐哭嫁的声音:

北风寒,冰雪天,
鹰儿嫁到河对岸。

从此幸福擦肩过，

眼中便无好生活。

……

回忆起这些，袁佳辉的心里，涩涩的。

当年，袁佳辉和茶茶姐姐情投意合，周围的人都说他们是天生的一对。然而，就因为八字不合，硬生生地把他们分开了。每当想到这些，袁佳辉的心里总是涌起两个字：认命。

迷糊中，袁佳辉又听到有人在喊："上轿——哥哥背妹妹，好活一辈辈——"

当年，袁佳辉以哥哥的名义，背起茶茶姐姐上轿。他每走一步，都觉得脚底有锥子在刺着他，钻心地痛。袁佳辉走得很慢，大家认为他是走得很稳，其实，他是想慢慢地走，想留住时光，想把这短短的距离，走出一个世纪来。

"呜呜呜——"

当年，茶茶姐姐的哭声，还在袁佳辉的耳边回响。

当年，袁佳辉想要把茶茶姐姐从背上放下来的时候，茶茶姐姐紧紧地抓住他的肩，不愿意从他的背上下来。

"鹰儿，好好过去，好好生活……"

袁佳辉对茶茶说过的话，他一直记得，这也是他对茶茶姐姐的唯一希望，希望她过得好。

当年，袁佳辉把茶茶姐姐从背上放下来，便一头钻进了铁匠铺，把心中的愁与怨，都化为力气，使在了铁锤上，使在了烧红的铁块上。

而今,要与黄兰兰成亲了,袁佳辉的心里,真是五味杂陈。袁佳辉不停地告诉自己:没有了鹰儿,哪个姑娘不是一样呢?不管娶到哪家姑娘,她都不是鹰儿……只要鹰儿过得好,我也就认命吧……

迎娶黄兰兰的吉日到了。

袁佳辉告诉自己:忘记过去,好好迎娶黄兰兰,好好待她。

“起轿——打锣开道——车马行人,一律让轿——”

嫁女是天地间的大事情,起轿了,打锣开道,长长的队伍出发了:道锣、乐队、轿伞、旗队、礼盒、媒人轿子、娶亲轿子、花轿、送亲轿子、嫁妆挑子……庞大的队伍,从黄兰兰家出发,朝塘河老街走去。

哎哟哟,哎哟哟,
还没走几步,
手也软,肩也酸,
脚杆也在打闪闪。
……

一个轿夫唱了起来。

哎哟哟,哎哟哟,
还没走几步,
手也软,肩也酸,
脚杆也在打闪闪。
……

所有的轿夫都跟着唱了起来。

眼见着,刚才还平稳着的轿子,现在一上一下地颠了起来。接亲和送亲的人们都知道,这是轿夫们在颠轿。

“脚杆打闪闪，拿啥来医呢？”有人高声问。

“脚杆打闪闪，抽支好烟，脚杆就来劲了。”有人高声应答。

“脚杆打闪闪，抽支好烟，脚杆就来劲了。”所有的轿夫都高声应答。

眼见着花轿越颠越厉害，袁佳辉知道，他再不发红包，恐怕花轿里的黄兰兰都要被颠得呕吐，甚至被颠出轿来了。

“各位兄弟辛苦了，拿去买烟抽。”袁佳辉一边发红包，一边说。

颠个轿，
抽支烟，
脚杆不打闪，
走路赛神仙。

轿夫们在唱这歌的时候，花轿已经平稳了。

一路上，轿夫们和负责吹打的人们鬼把戏都很多，一会儿说嘴巴酸了要吃糖，一会儿说脚走疼了要买双草鞋，一会儿又说汗水出得多要买一条手帕……总之，这一路上，袁佳辉都在不停地发着红包。

眼见着快到了，孙媒婆突然掀开媒人轿子的轿帘，大声地对轿夫们说："抬回去，抬回去——"

轿夫们响应孙媒婆的吩咐，高喊着："抬回去，抬回去——"

这可吓坏了袁佳辉，他赶紧跑到孙媒婆的轿前，问："孙婆婆，怎么了啊？"

媒人嘴巴像朵花，
红了东家红西家，
要是没有媒人跑，
哪家会有喜事到？
媒人跑路像阵风，
到头来是两手空。
两手空啊两手空，
只好把新娘抬回闺阁中。
……

袁佳辉一听，知道孙媒婆也想要红包了。于是又拿出两个红包来，递给孙媒婆，说："孙婆婆，来，好事成双，您收好，谢谢您老人家给我说媒。"

这一路，袁佳辉不知道发了多少个红包，花轿才到了老茶坊门口。

“点红烛——搀新人——”

“一拜天地。”

“二拜高堂。”

“夫妻交拜。”

在给长辈请拜的时候，黄兰兰不小心打碎了一个茶杯，茶茶外婆的眉头轻轻一皱，但随即又舒展开来，微笑着说：“岁岁平安，岁岁平安……”

当茶杯落地，“哐当”一声响的时候，茶茶的心，仿佛被什么东西刺了一下，生疼生疼的。茶茶突然想起，前几天，她又看见鬼老头在老街上不断地跑来跑去，嘴里不停地念叨：“要出事，要出事……”

茶茶对自己说：要出什么事呢？难道是我们家要出事了吗？

“呸呸呸——”茶茶赶紧悄悄地打了一下自己的嘴巴，对自己说：全是喜事，全是喜事……

茶茶老觉得心里有什么东西刺着，不但痛，连呼吸也不舒畅，她上了楼，进了自己的房间。茶茶在心里对自己说：佳辉哥哥成亲了，我应该高兴才是呀，可是，我为什么高兴不起来呢？有一天，我也会被嫁出去……会嫁给谁呢？是陈大壮吗？如果嫁给一个自己不喜欢的人，还不如嫁给陈大壮呢，至少他关心我……唉，可别像姐姐一样，嫁给一个傻子……好了，好了，不想那些呢，还遥远着呢。说不定将来我到大城市里去生活了，那时候的婚姻，已经不由外婆来做主了，更不用找八字先生来合八字了……

想到这些，茶茶的心里仿佛要好受一些了，她拿出那个没有绣完的抱枕，又绣了起来。

中午，陈大壮一家也来吃喜酒了。陈大壮还是像小弟弟一样关心着茶茶，他在席间没有看到茶茶，以为茶茶还饿着肚子呢，便拿了许多好吃的，来到茶茶房间。

“茶茶姐姐，你饿不饿？”

“不饿，吃了两个糯米丸子。”

“你看，这是你喜欢的，我每样给你夹了一点。”

陈大壮把那个装有不少食物的碗放在茶茶面前。的确，碗里都是茶茶喜欢吃的：夹沙肉、粉条、烤鸭……

“茶茶姐姐，如果你真不饿，就吃几块烤鸭吧。”陈大壮说。

茶茶夹起烤鸭，啃了起来。

陈大壮站在茶茶窗前，往外看。突然，他压低声音说：“茶茶姐姐，你猜我看到谁了？”

陈大壮这么一问，让茶茶觉得后背发凉。

“你看见谁了？”茶茶紧张地问。

“嘘——”陈大壮示意茶茶不要说话，他小声说，“我看见鬼老头了……”

“啊——”茶茶一声尖叫，差点打翻了书桌上那只装着食物的碗。

此刻，茶茶觉得自己浑身都起了鸡皮疙瘩。

“你小声点儿，茶茶姐姐。”陈大壮说，“鬼老头就在窗外，东张西望呢，你过来看。”

“不不不……”茶茶赶紧摇头，她不敢到窗前去看。

陈大壮满脸疑惑，他说：“鬼老头不都是晚上才出来吗？今天他怎么白天也出来了?”

茶茶觉得全身发冷,她不敢看窗外,也不敢再吃东西了。

“我去告诉外婆。”陈大壮说完,准备下楼去。

“不要去。”茶茶一把抓住陈大壮,说,“不要告诉外婆,她会担心的。你不要把看见鬼老头的事情告诉给任何人。”

“为什么啊?”陈大壮问。

“不吉利。”茶茶小声说。

“哦,不吉利。”陈大壮仿佛不太能体会“不吉利”这三个字的分量。

此刻的茶茶,总觉得有什么大事情要发生,她害怕极了。

2

新婚没几天,黄兰兰和袁佳辉便闹别扭了。

原本说婚后住到黄兰兰家在镇上的旧房子里,但因为一直没抽时间去修整,再加上茶茶外婆说,一家人住在一起热闹,等过了年再分开住,于是,黄兰兰和袁佳辉依旧住在老茶坊。

黄兰兰娶进门来了,茶茶一家都很开心,毕竟,黄兰兰也算是一个懂事的姑娘,嘴巴甜,人前人后都把人喊得要黏起来一样。黄兰兰也勤快,家里的大小家务,她一个人包揽,茶茶外婆要动一下,她都会说:“外婆,您歇着,我来了,您就该退休了。”茶茶回到家里来,和以往一样帮着做家务,黄兰兰说:“茶茶,你只管努力学习,不要管这些家务,我能做好。”

“兰兰,就让茶茶和你一起做吧,不能只读书不学做家务。”茶茶外婆说,“女孩子一定要学会做家务,这点家务也不会耽搁她的学习。”

黄兰兰也就只有让茶茶和她一起做家务。当然,黄兰兰会把最轻巧的活儿留给茶茶。

有了黄兰兰,茶茶妈妈也感觉轻松了许多。黄兰兰麻利地做完了家务后,会到菜摊上去帮茶茶妈妈卖菜,还会陪着茶茶妈妈摆摆龙门阵。黄兰兰嘴巴甜,对待顾客总是笑脸相迎。老顾客们说:“妖精十八怪和他们家黄兰兰,一个脏话连天出口暴粗,一个嘴巴甜得像抹了蜜,真的是天壤之别哦。”

因为这样,茶茶妈妈卖菜的生意也更好了。

“妖精十八怪,你生意这么好,怕不怕人民币把你的钱口袋撑破哟?”有人问。

“老子的钱口袋是铁打的,再多钱也撑不破。”茶茶妈妈说。

“那是那是,你们家袁佳辉是打铁的,专门给你打了个铁口袋来装钱。”那人笑道。

“是哦,你砸一百万来,老子的口袋也装得下。”茶茶妈妈说。

“我没得一百万砸给你,但可以祝你赚一千万。”那人说。

“狗日的龟儿子,送我空壳人情,要是赚了一千万,老子把你当祖宗供起。”茶茶妈妈在说这话的时候,头上那两朵花一颤一颤的,仿佛两朵刚刚盛开的鲜花,鲜艳无比。

“兰兰,我要是赚了一千万,就让你和佳辉都搬到首都北京去住,茶茶也到首都北京去上学,那才叫资格,才真是提劲。”茶茶妈妈和那人闲聊结束了，便转身对黄兰兰说，“不过，一千万，数都数不完的钱，只怕是要赚到猴年马月……”

茶茶妈妈在说这话的时候发现，黄兰兰用一只手捂着胸口，还皱着眉头，仿佛很难受的样子。

“兰兰，病了？要不要去医院看看？”茶茶妈妈问。

“就是感觉胸口有点闷，以前也老是这样，不过没关系，一会儿就好了。”黄兰兰说。

果然像黄兰兰说的那样，只那么一会儿，她便觉得没事了。茶茶妈妈也就放心了。

懂事的黄兰兰，让对婚姻早已失望的袁佳辉又看到了幸福的希望，他觉得生活有了盼头。在铁匠铺里忙活的时候，他会想到家里还有个妻子在等着他。回到家里，他可以和黄兰兰说说话解解闷。更重要的是，他和黄兰兰心里都有一个梦想：先在镇上开个小店赚钱，等有了足够的本钱，便到城里去租个房子做小本生意，将来说不定还能在城里买房子呢，这样，他们的孩子就可以在城里上学……

然而，两把木梳，中断了这份喜悦。

一天，黄兰兰在收拾她和袁佳辉的房间的时候，在抽屉底层发现了两把木梳。她拿着这两把木梳，站在窗前细细地看着。这两把木梳，用精致的盒子包装着，木梳上，刻着一只鹰，还有“永结同心”的字样。看到这些，黄兰兰的脸，一下子拉得老长，一瞬间，脸上阴云密布，仿佛暴风雨马上就要来临。此刻，黄兰兰觉得胸口处开始隐隐作痛。

中午，茶茶放学回家来吃午饭的时候，便觉得黄兰兰的脸色不

太对劲。吃过午饭,茶茶去楼上的房间拿早上忘了带到学校去的作业本的时候,黄兰兰也跟着进了茶茶的房间。

"茶茶。"

"嫂嫂。"

"茶茶,你平时想你姐姐吗?"

"想啊,我巴不得她天天回家来吃饭。"

"那她经常回来吧?"

"是的,经常回来。有时候,她好几天没回来,外婆就要请人带个口信,叫姐姐回来吃饭。"

"哦。你姐姐回来的时候,都会带你姐夫吗?"

"带呀。"

"都带吗?"

"嗯,好像都带回来了。"

"你姐姐回来,晚上会住在家里吗?"

"有时候住,有时候不住。"

"哦。晚上住在家里的时候多吗?"

"好像不多。"

……

茶茶拿着作业本下楼了,黄兰兰却还愣在茶茶的房间里。茶茶挺纳闷儿的,她一边走一边想:嫂嫂这是怎么了?怎么老是问我姐姐是不是经常回来?还问我姐姐是不是经常住在家里?我姐姐是从家里嫁出去的,经常回来,住在家里,难道会有什么问题吗?

当天晚上,茶茶就听到了黄兰兰和袁佳辉的争吵。

袁佳辉从铁匠铺回来,吃晚饭的时候,便发现黄兰兰的脸色不对。以往,黄兰兰喜欢不停地朝袁佳辉的碗里夹菜,今天,黄兰兰只管埋头吃饭,不给袁佳辉夹菜,也不看袁佳辉一眼。饭桌上的气氛,显得有些紧张。

茶茶外公喝了两口梅子酒,吃了几箸菜,说了声“今天不饿”,就离席而去。

茶茶爸妈只管埋头吃饭,他们干的都是体力活儿,肚子早就饿了,急需饭菜来填饱。何况,茶茶爸爸平时是言语不多的人,他即使是察觉出什么来,也不会说什么。

茶茶外婆不会不知道这紧张的气氛源自哪里,她依旧如往常一样,笑眯眯地轮流给大家夹菜,笑眯眯地说:“慢慢吃,要吃好,离天亮还早呢。”

茶茶低着头吃饭,她死死地盯着饭碗,也不敢夹菜。茶茶想起了中午黄兰兰问过她的那些话,她想:嫂嫂为什么老是问姐姐回家的事呢?我在回答嫂嫂的问话的时候,是不是回答错了?天啊,要是因为我说错了什么,让嫂嫂这么不开心,那我可犯大错了……

袁佳辉默默地吃了饭,便上楼去了。

“兰兰,今天我和茶茶收拾碗筷,你上楼去吧。”茶茶外婆说。

茶茶外婆想:小夫妻哪会有什么大的过节呀,有什么小矛盾小心思,让他俩自个儿解决去。

哪知,黄兰兰上楼后,楼上的动静便大了起来:争吵声,东西砸在楼板上的声音,哭泣声……茶茶家好些年不曾有过的争吵,今天都有了。

“砰——”

“啪——”

“呜——”

……

楼上每一声响动,都如一把刀,割着茶茶的心,她感到很内疚:一定是我说错了什么,才让嫂嫂这么生气……可是,我又说错了什么呢?姐姐的确是经常回家来,都带着姐夫,有时候经不住外婆的挽留,便在家里住一晚……难道,难道这事儿和姐姐有关吗?……

茶茶外婆也没有上楼去劝,她想:夫妻没有隔夜的仇,让他们闹去吧,明天一早起来,就好了,大人不要掺和,越掺和矛盾越多。

一开始,袁佳辉还不知道黄兰兰为什么拿脸色给他看,他以为黄兰兰做家务做累了。黄兰兰上楼后,袁佳辉笑着对她说:“兰兰,累了吧?歇歇吧。”

“啪!”黄兰兰拿出那两把木梳,重重地拍在袁佳辉面前。

看见这两把木梳,袁佳辉一开始还没有反应地来,他问:“这是哪来的?”

“哪来的?你自个儿好好看看!”黄兰兰伸手一掀,把两把木梳掀到了地板上。

看见木梳上的“永结同心”和刻着的鹰,袁佳辉明白了:这是当年他给茶茶姐姐买的,却没有机会给她了……

袁佳辉蹲下身,把木梳捡起,捧在手中,他的心里,又涌起了一股愁绪:鹰儿,这两把木梳,我恐怕真的没有机会再送给你了……

黄兰兰见袁佳辉捧着木梳走神,更生气了,她抓起床头的台灯,重重地砸在了地板上，台灯砸坏后的残渣飞起来，飞到袁佳辉的脸上，顿时就出了一道血口子。

“兰兰，你听我说……”

“我不要听！我不要听！”

“你都不听我说，就乱发脾气……”

“你心里头根本就没有我，就只有那个冯鹰，这个家，我待不下去了，呜呜呜——”

黄兰兰抱着枕头，大哭起来。

当天晚上，黄兰兰闹到很晚，不管袁佳辉怎么哄怎么劝怎么说好话，她都不依不饶。第二天，黄兰兰没有像以往一样早早地起床，和茶茶妈妈一起做早饭。吃早饭的时候，也只有袁佳辉一个人下楼来，大家都望着袁佳辉，希望他给大家带来好消息。

“吃吧，没事。”袁佳辉仿佛说得很轻松，但大家从他的眼神和语气里感觉到，黄兰兰还在生气。

黄兰兰把木梳带到了打铁嫂那里，说：“他袁佳辉心里根本没有我，就只有那个有精神病的冯鹰，呜呜呜——”

听了黄兰兰的诉说，打铁嫂非常生气，她说：“你一定要拿点颜色给他看看，要不然，他一辈子都会欺负你，你要搞得不是他死就是你死一样……”

打铁嫂还教黄兰兰怎样和袁佳辉闹，怎样和茶茶姐姐闹，怎样和茶茶一家人闹，仿佛要让黄兰兰把茶茶一家当成仇人，闹个天翻地覆。

茶茶偷偷地给姐姐打了电话，说了家里的事情，叫她这段时间不要回来。茶茶姐姐也急啊,她想:都过去这么些年了,一切都成为事实改变不了了,她这样闹,真是想把佳辉的心给闹得越来越冷啊……

茶茶也觉得内疚,她一直觉得是自己不小心说错了什么,让嫂嫂误会了她的佳辉哥哥。

茶茶和陈大壮碰了头。

“嫂嫂非常生气,因为两把木梳。”茶茶说。

陈大壮想了想,说:“我们可以说那两把木梳是我们买的,悄悄地放在佳辉哥哥的抽屉里,佳辉哥哥忘了我们给他说过这事。”

茶茶觉得陈大壮说得有道理,便把陈大壮带回家,准备和黄兰兰说梳子的事。

来到家里,正巧黄兰兰拿着这两把木梳气冲冲地下楼。

“嫂嫂。”茶茶怯怯地喊了一声。

“兰兰姐。”陈大壮也喊了一声,“我……”

黄兰兰望着茶茶和陈大壮,没有说话,也没有往前走,大概是在等着,看他们会说什么。

陈大壮指着黄兰兰手中的两把木梳,说:“茶茶姐姐,这两把木梳,是我们凑钱买的那两把吗?”

茶茶赶紧点了点头,说:“是的,就是我们当时买来送给佳辉哥哥的,本来是让佳辉哥哥送给嫂嫂,哪晓得他竟然忘了这件事……”

“嗯?”黄兰兰不知道该不该信这两个孩子的话,她看着手中的木梳,一时不知道该怎么办。

陈大壮从黄兰兰手中拿过木梳,打量了一番,说:“呀,这上面雕着鹰呢,我们买的那两把,没有雕鹰,上面也没有字……”

“啪——啪——”两把木梳,再一次被黄兰兰重重地摔到了地上。

此时黄兰兰觉得胸口沉闷,和以往的那种闷相比,要更严重些,她差一点就喘不过气来。她用手抚了抚胸口,站在原地,好一会儿才缓过气来。

之前在楼上,黄兰兰把木梳摔在木地板上,它们还好好的。现在,它们被重重地摔在水泥地上,便再也承受不起,都被摔断了齿。

“你们两个鬼家伙,也跟着一家人来骗我,你们一家简直就没有把我当成自家人,呜呜呜——”缓过气来的黄兰兰哭着冲出大厅,冲出了院子……

“陈大壮,你真笨！都怪你！”茶茶生气地说。

“我……我怎么了……”陈大壮还不知道自己到底说错了什么。

“哼！你自个儿回家去好好想！”茶茶说完,便上楼去了。

陈大壮搔了搔脑袋,一时还真不明白自己错在哪里。

傍晚时分,鬼老头又出来了,他一边跑一边念:“要出事,要出事……”

茶茶赶紧把门窗都关得严严实实的,但不管她怎么关,鬼老头的样子都在她的眼前晃来晃去,鬼老头说的“要出事,要出事”也总在她的耳边响起……

茶茶钻进被窝里,用被子把自己蒙了个严严实实,并且在心里祈祷:千万不要出事,千万不要出事……

然而,还是出事了。

当天晚上,黄兰兰要袁佳辉解释那两把木梳的事情,袁佳辉说:“兰兰,都是过去的事了,你就不要计较了……”

一听到“计较”二字,黄兰兰马上就激动起来,她大声嚷道:“我计较?你还觉得是我故意和你计较?这还成了我的错了……”

异常激动的黄兰兰,突然倒在了地上,一副痛苦的表情……

袁佳辉和茶茶爸爸把黄兰兰送到医院,医生全力抢救,却没有把她救回来。医生说:“她有心脏病……”

在打铁嫂的挑唆下,黄兰兰的爸妈带着众多亲戚,到茶茶家来闹,一时间,老茶坊乱成了一锅粥。

“兰兰是被他们家活活气死的。”

“必须赔一条命来。”

“不赔命就烧了他们的房子。”

“就是砸锅卖铁也要赔。”

……

简直闹得天翻地覆。

“他们家还有一个小姑娘,嫁给兰兰的弟弟,可以少赔一点钱。”不知道谁冒出这么一句来。

“好,把那个小姑娘嫁给兰兰的弟弟。”有人附和。

这话一出,可吓坏了茶茶,她躲进自己的房间,关上门窗,连大气也不敢出。

陈大壮跑到楼上,悄悄地对茶茶说:“茶茶姐姐,你不要怕,如果他们来抢你,我就打110报警,我把我妈妈的手机带来了,随时可以打电话。”

听陈大壮这么一说,茶茶的心里稍稍平静下来。

然而,茶茶妈妈听说要把茶茶嫁给黄兰兰的弟弟,她可急了,她跟疯了一样,跑进铁匠铺,把一块烧得通红的铁板夹出来,见人就要烙上去的样子,吓得大家纷纷逃跑。

“天啊,男人婆又发疯了。”

“快跑,妖精十八怪发威了。”

“真是把人都逼疯了。”

……

茶茶妈妈这一招,吓得打铁嫂赶紧求茶茶外婆:“老茶婆,赶紧劝劝冯大嫂,这样是要出人命的,这样是要出人命的……出了人命,你我都脱不了干系……”

精明的打铁嫂见茶茶妈妈拿的是她铁匠铺里的东西来烙人,万一真出了事,她怕是也脱不了干系。何况,她也担心茶茶妈妈拿着烧红的铁块,往她身上烙,如果动起真格来,打铁嫂是斗不过茶茶妈妈的。打铁嫂也知道,茶茶妈妈一旦疯起来,只有茶茶外婆能劝得住。打铁嫂还对茶茶外婆说:“老茶婆,叫冯大嫂不要闹了,大家好说好商量。”

放下了烧红的铁块,茶茶妈妈又从厨房里拿出一把砍骨头用的刀,一边晃一边说:“哪个敢抢我的女儿,我就送哪个上西天……”

“这样闹下去,什么时候才是个头啊?”茶茶外婆已感到心力交瘁,她说,“人家赔了个大姑娘,我们也不能说没有责任,毕竟人是在我们家走的,量量家底,能赔多少就赔多少吧……”

茶茶家倾尽所有积蓄,赔了黄兰兰家,才把黄兰兰家的七大姑

八大姨一干亲戚给打发走了。

老茶坊静下来了,静得连茶茶外婆的绣花针掉在地上都能听得见。茶茶外公关门谢客,一时间,院子里没有了喝老茶的声音,没有了摆龙门阵的声音,只剩下“吧嗒吧嗒”抽叶子烟的声音。

袁佳辉在铁匠铺也待不下去了,他决定外出打工。一家人都不希望袁佳辉走那么远,但袁佳辉执意要外出,大家也没办法,只好由着他。也许,袁佳辉是想到外面去透透气。

茶茶爸爸也不在铁匠铺做工了。打铁嫂一下子失去了两个得力的帮工,觉得损失巨大,她一再来茶茶家说好话,想把茶茶爸爸劝回去,但茶茶爸爸也如袁佳辉一样,执意离开铁匠铺。

“儿啊,你做何打算呢?”茶茶外婆问茶茶爸爸。

“种菜。有的是地,有的是力气,还有人卖菜,不怕。”茶茶爸爸说。

“嗯,也行,铁匠铺里工钱本来就不多。”茶茶外婆说。

“嗯,好多年没涨过工钱了。”茶茶爸爸说。

说来也是,平日里,茶茶爸爸和袁佳辉在铁匠铺打工,家里那些土地没有种,基本荒芜着,茶茶妈妈卖的菜,多数是从别人那里贩来的。现在,茶茶爸爸自己种菜,茶茶妈妈负责卖菜,也是一个好办法。

3

观花婆又被请到茶茶家来了。

茶茶特别害怕也特别讨厌看见观花婆,她躲在楼上,不想看见观花婆那一身黑长袍，看得人心里冷冷的，看得后背发凉。

茶茶再怎么躲，也躲不开观花婆弄出的大动静来。

“哐哐哐——”这回，观花婆不知道用的什么武器，搞出来的声音和以前有点不一样，这声音太大，哪怕茶茶用被子蒙着头，也能听得见楼下的响声。

“咿咿咿——呀呀呀——”观花婆又开始大声地唱了，她唱着大家听不懂的词儿，显得更为神秘。

此刻，茶茶唯一的愿望，就是希望观花婆早些结束，早点离开。

然而，观花婆一直不停地摇晃着板凳和桌子，嘴里不停地念着大家听不明白的话，她全身颤抖着，脸上的表情很是吓人。

“走阴了，走阴了——”茶茶听见楼下有人在说。

躲在被窝里，用被子蒙着头，实在不舒服。茶茶起身来，用纸巾揉了两个纸团儿，塞进了耳朵里，这样一来，楼下的声音仿佛小了许多。

茶茶站在窗前，看着静静流淌的小河，思绪万千……佳辉哥哥在外面还好吗？将来，我会嫁一个什么样的人呢？如果嫁给自己不熟悉的人，倒不如嫁给陈大壮，至少他不会欺负我。很快就到十五岁了，那时候，我也会像当年的姐姐一样发病吗？如果我真的发病了，该怎么办？我还能上学吗？……

观花婆终于走了。

吃晚饭的时候，茶茶听外婆念叨了一句：“黄家的祖先讨债，就该到他们黄家去讨，怎么讨到我们家来了？唉！还说要添人进口，佳辉都走了，添谁进谁？”

原来，观花婆观花照水的结果，是黄兰兰的祖先讨债，讨到黄兰兰头上来了,还说茶茶家要添人进口。

茶茶一家都很纳闷儿:怎么个添人进口法呢?

“是不是鹰儿会有喜?”茶茶外婆突然想起了茶茶姐姐。

“他王家添人进口,关我们家什么事?”茶茶外公说。

是呀,茶茶姐姐已经嫁到王家了,就算生孩子,也是王家添人进口,与老茶家有什么关系呢?

眼见着快过年了,茶茶外婆天天都在念叨着:“佳辉快回来了吧?”

茶茶一家没有把袁佳辉盼回来,倒是盼来了一封信:

……

我在外面很好,请大家不要为我担心。我做的是专门为菜市场的摊贩运菜的活儿,哪个摊位需要菜,我就到他们指定的地点去运过来。这项工作起得早,但晚上不用加班,我就可以早早地睡觉了。这里干活的工资比铁匠铺多,我觉得不错,如果没有别的事,我打算多做几年。

其实,我应该在家里尽孝的,但是我想,待在家里也没什么事做,不如出来赚点儿钱,让家里的经济宽裕些,将来,如果茶茶到城里去上高中,到外地去上大学,会用更多的钱,所以,我现在努力赚钱,存起来,将来急用钱的时候,大家也不至于太着急。

外公外婆年纪大了,你们一定要好好地保重身体,家里的大事小事,就交给爸爸妈妈吧,小茶也可以分担一些。

爸爸妈妈都是勤快人,希望你们做事不要太拼命,该休息的时候,也要休息一下,不要把身体累垮了,还有外公外婆和小茶需要照顾呢。

小茶,家里你最小,我们大家都很疼你,我们大家最大的愿望,就是希望你过得快乐,希望你好好学习,将来到大城市去见大世面。

到了这里，我才发现，我们那个镇真的很小很小。等我赚到了更多的钱，我一定把大家接出来，看看外面的大世界。

过春节，我就不回家了。其实，我非常想念大家，但是火车票不好买，飞机票又太贵，所以，我就不回来过年了。我给你们寄了点钱回去，你们不要存着，拿来买点年货，过一个热热闹闹的年。

明年，我会抽时间回来看大家，我也非常非常地想念大家！

……

袁佳辉的这封信，茶茶外婆让茶茶给她念了好多遍，念得茶茶都觉得自己快能背这封信上的内容了。

“茶茶，再给我念念那封信。”茶茶外婆说。

茶茶又把信拿出来，念了一遍。

“茶茶，佳辉有没有说什么时候回来啊？”茶茶外婆问。

“说明年抽时间回来啊。”

“明年几月啊？”茶茶外婆又问。这样的问题，她都问过好多遍了。

“没有说几月。”

以往，茶茶外婆可是耳清目明，脑子也不糊涂，有什么事，只要说上一遍，她就记住了。袁佳辉的这封信，她都听过好多遍了，却还一个劲儿地提一些看起来有些糊涂的问题，让茶茶觉得不好理解。

茶茶姐姐回来了，依旧带着王富根。

“婆娘，我饿，饿——”王富根扯着茶茶姐姐的衣服，歪着脑袋大声说。

茶茶姐姐没有理会王富根，而是对茶茶说：“小茶，我要看信。”

茶茶拿出那封已经被捏皱了的信，递给茶茶姐姐。茶茶姐姐转过身去，背对着茶茶看信，她一边看，一边掉眼泪。

“婆娘，我饿，饿——”王富根又扯了扯茶茶姐姐的衣服，见茶茶姐姐不理他，便去扯茶茶姐姐手中的信。

“嚓——”信纸被扯坏了，一半在王富根手中，一半在茶茶姐姐手中。

“给我！”茶茶姐姐生气地吼着王富根，同时抓住他的手腕，想要抢过他手中的那半截信纸。

平常，茶茶姐姐不会用这种态度来对待王富根，她知道王富根的情况，吼也没有用，何况，在嫁过去的时候，她已认命，连发脾气的心情都没有了。而今，王富根被茶茶姐姐这么一吼，还被抓住手腕，也似乎把他抓疼了，他好像也生气了，一边“哇哇”大哭，一边挣扎着，把手中的那半截信纸往嘴里塞。

“你还我！”茶茶姐姐把手指伸进王富根的嘴里，想要抢出信纸。

“哎哟——”王富根不管不顾地嚼着信纸，稀里糊涂地嚼到了茶茶姐姐的手指头。

王富根听到茶茶姐姐的尖叫，吓得蹲下身来，“呜呜呜”地哭了起来，像一个受了委屈的小孩子一样。

“姐姐，疼吗？”茶茶问。

这时候，茶茶外婆也过来了，她拉着茶茶姐姐受伤的手，问：“怎么了？”

茶茶姐姐没有说话。

“姐夫咬的。”茶茶小声说。

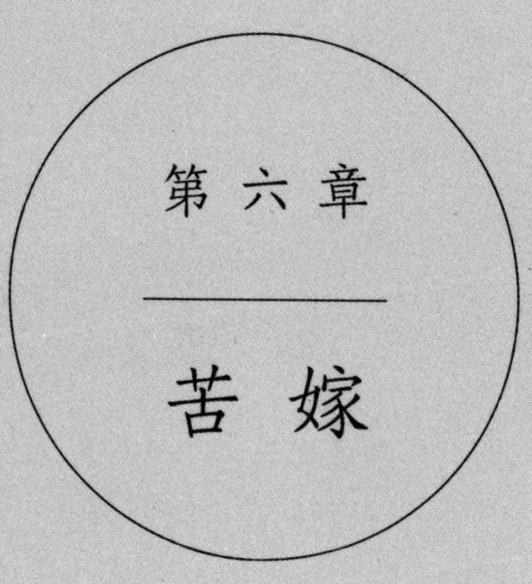

第六章

苦嫁

1

春天里，满山遍野的油菜花开了，一片金黄。

春日里的塘河古镇，阳光灿烂的时候，如一幅精致的油画。春雨蒙蒙的时候，那山，那水，那建筑，还有那些人，让塘河古镇犹如一幅绝美的水墨画。

老茶坊里，依旧有那些不用在地里耕种的人们，抽烟，喝茶，摆久远的龙门阵。他们总是把那些陈年旧事拿出来，一遍又一遍地翻晒，仿佛担心它们发了霉，甚至永远消失。

“来一壶老茶沙。”

又是大壮爸爸的声音。

春日里，到塘河古镇游览的游客又多起来，大壮妈妈经营的“天和豆花饭”当然也生意不错，大壮妈妈打的水竹席也卖得很好，一直都是供不应求，所以，大壮爸爸的钱口袋也跟着鼓了起来。

“自便。”茶茶外公一边抽着叶子烟，一边说。

大壮爸爸泡了一壶老茶沙，对大家伙儿说：“要喝老茶沙的，自便。”

一切自便。

“老茶公，摆个好听的龙门阵，庆祝庆祝天棒的这壶老茶沙。”有茶客提议。

“好，我来摆。”茶茶外公狠狠地抽了一口叶子烟，仿佛是在为摆龙门阵提劲儿。茶茶外公吐出来的烟雾，一圈一圈地盘绕着，一边弥散开来，一边往上升。茶茶外公那张像松树皮一样满是皱纹的脸，在这些烟圈背后，若隐若现。

听说要摆好听的龙门阵，在大厅里挑选绣品和布鞋的游客，也来到院子里，各自寻一张竹椅，坐到了茶茶外公的周围。

“我来摆摆‘醉仙岩’的传说。”茶茶外公又抽了一口叶子烟，说，“在滚子坪的倒流水下面有个岩洞，叫‘醉仙岩’。”

茶茶外公说到这里，抽了一口叶子烟，问身边的几个游客：“你们去过滚子坪没有？那里风景好啊，夏天还很凉快。”

“还没去过，正说着要去，刚好可以去看看‘醉仙岩’。”一个游客说。

“到了塘河不去滚子坪，你们会后悔啊。”茶茶外公又抽了一口叶子烟，说，“不扯了，开始摆‘醉仙岩’的龙门阵。很久很久以前……”

“Long long ago…”一个年轻小伙子接过茶茶外公的话茬儿，说出了这句。

“狼，还有狗？”茶茶外公皱着眉头说，“年轻人，你讲错了，这个故事里头，没有狼，也没有狗。”

“哈哈哈！”大家都笑了。

茶客们笑的是故事里没有狼和狗，游客们笑的是茶茶外公听不懂英语，却又那么自然地做了解释，仿佛恰到好处。不管是茶客们的笑，还是游客们的笑，都是快乐而善意的。

茶茶外公抽了一口叶子烟，讲道：“很久很久以前，有个年轻小伙子去滚子坪割草，割到倒流水下面的时候，听到岩洞里有说话的声音，他悄悄地走过去一看：三个白胡子老人正在那里喝酒。其中

一个白胡子老人把杯里的酒喝完了，就念道：'金壶金壶天地赐，倒上几杯大家喝。'刚念完，刚才还空着的酒杯里，就又装满了酒。喝了一会儿，三个白胡子老人都醉了，靠在石头椅子上睡着了。小伙子准备去偷金酒壶时，三个白胡子老人突然就不见了，闪着金光的金酒壶还在桌子上。小伙子走近一看，金酒壶上刻着'酒神专用壶'几个字。他想：我要把这件宝物带回家，一定价值连城。正当小伙子拿起酒壶准备转身走时，酒壶突然不见了，留在他手里的却是一大捆钱。小伙子抱着钱，乐呵呵地回了家，给邻居们讲了这件稀奇事，大家都说：'肯定是神仙下凡了。'于是，大家纷纷捐钱，在岩洞里塑了三尊石像，时时供养。后来，大家就把那里称作'醉仙岩'。"

"走，到醉仙岩看酒神去。"刚才说有"狼"和"狗"的小伙子起身来，大声说。

"好，一起去，顺便带上狼和狗，哈哈哈！"另外几名游客起身来，和小伙子一起，大笑着出了老茶坊。

周末，茶茶陪着外婆绣花。围着雕花栏杆的阳台上，向阳的那一面，阳光照耀着阳台，照耀在茶茶和外婆的身上，让她们觉得很温暖。

"茶茶啊，做人如绣花，马虎不得。绣花一旦马虎了，没有绣好，就得不到顾客的喜欢。做人一旦马虎了，就得不到顺顺当当的生活。一针一线地绣，就好比一个脚印一个脚印地走……"茶茶外婆一边绣花，一边给茶茶打着比方讲着如何做人。

"嗯。"茶茶一边绣，一边应着。

"茶茶，外婆老了，不中用了，"茶茶外婆说，"好在你一天天长大

了，做事也像模像样，外婆也就放心了。”

“外婆，您还能做饭，还能绣花，没有老。”茶茶说。

“呵呵呵，”茶茶说的话让外婆感到很欣慰，她说，“丫头哎，外婆都九十好几的人了，俗话说，黄泥巴都埋到颈子了，活一天是一天……”

茶茶悄悄地抬起眼皮来，看了看外婆：外婆脸上的皱纹，更深了，深得如一道道沟壑，沟壑里藏着数十年来的忧与愁，快乐与幸福，兴许还有无数的不为人知的心事……

“外婆，您绣得越来越好了。”茶茶想讨外婆开心。

“丫头，嘴甜，抹蜜了？”茶茶外婆笑着说。

“昨天买绣品的客人说，从来没有看见过这么精细的绣工。”茶茶说。

“外婆老了,干不了体力活儿,也只有做一些轻巧的绣活儿了。”

“能干体力活儿的人,好多都不会像您这样绣花呢。”

“唉,绣一件是一件吧,老了,说不定哪天就被阎王爷给收走了。”

“外婆,阎王爷不会来收您。”

“丫头,你说了不算啊。”

“阎王爷说,小茶还没有长大,外婆还没有享到小茶的福,不能收走。”

“丫头,乖。”

……

傍晚时分,茶茶在院子里收拾茶桌的时候,又看见了鬼老头的身影。鬼老头穿着一身黑色的衣服,在老街上来回跑着,嘴里不停地念叨:“要出事,要出事……”

见鬼老头又出来了,茶茶的后背直发冷,她对自己说:不能出事,不能出事,再也不能出事了……

茶茶真想站到院门口去,冲着鬼老头吼几声:“不要出来了!不要念了!”

茶茶鼓足勇气,朝院门口走去。还差几步就到院门口的时候,鬼老头又从院门口晃过,吓得茶茶转过身,飞快地奔进了大厅。

“丫头,跑什么呀?不要大惊小怪的。”茶茶外婆在厨房里听到了茶茶急促的脚步声,便问道。

“没……没什么……”茶茶吓得声音都颤抖起来。

茶茶外婆听出了茶茶说话声音里的异样,她从厨房里出来,拉着茶茶的手,说:“丫头,怎么了?手这么凉。”

“呜呜——”茶茶忍不住，哭了，她说，“看见……看见鬼老头了……”

是呀，茶茶被鬼老头吓坏了。每一次鬼老头出现后，都会出事，茶茶家接二连三地出事，看着家人一个个心情沉重的样子，她觉得自己快承受不住了。

茶茶外婆把茶茶搂进怀里，轻轻地拍着她的后背，说：“不怕，不怕，鬼老头回家去了……”

茶茶能听得出，外婆在说这话的时候，声音里也有着担忧与恐惧。

鬼老头就像古镇的天气预报一样，他不出来，古镇风平浪静，他一出来，古镇就会出事，而且经常是大事。

自鬼老头出现后，茶茶家人有过多种预想：是不是出门在外的袁佳辉遇上什么不好的事了？是不是茶茶妈妈会发病？是不是家里种的菜会被小偷一晚上偷光？是不是茶茶外婆或茶茶外公会大病一场？是不是……

他们预想的所有的“是不是”，都成了“不是”。

这一天，一大清早，王富根便在茶茶家院门口放声大哭。茶茶外婆以为是茶茶姐姐领着王富根回来了，她在大厅里喊道：“鹰儿啊，富根怎么了？赶紧进屋来，外婆做了好吃的。”

茶茶外婆正好做了猪儿粑，蒸笼里已冒热气，猪儿粑的香味儿也已飘出厨房，差不多可以吃了。

但是，茶茶外婆没有看见茶茶姐姐的身影，也没有听到以往那甜甜的喊“外婆”的声音，王富根依旧在院门外放声大哭。茶茶外婆

来到院门口，见到的只有王富根一个人，没有茶茶姐姐。

“富根，鹰儿呢？”茶茶外婆一边问，一边想扶起坐在地上的王富根。

可是，王富根根本不起来，他坐在地上，一个劲儿地哭。

一种不祥的预感，让茶茶外婆手心发冷。

茶茶爸妈放下手里的事，出去寻找茶茶姐姐。茶茶外公外婆也要去，茶茶爸爸说：“爸，妈，你们年岁大了，万一出去摔到哪里，叫我们怎么办？”

茶茶爸妈在外面焦急地寻找着。茶茶外公外婆在家里焦急地等待着。茶茶外公守在院门口，一口接一口地抽着叶子烟，他在等待茶茶妈妈的回音，在等待茶茶姐姐回来。

中午时分，在河边玩水的茶茶姐姐，被茶茶爸爸找到并带回家来了。她已不再是昨天的那个冯鹰。被找回来的茶茶姐姐，浑身湿透，披头散发，目光呆滞，时而笑，时而哭，时而瞪着双眼仿佛在恨一个人，时而唱着大家都听不懂的歌……

在看到姐姐的那一刻，茶茶吓坏了，她对自己说：我以为姐姐再也不会发病了，没想到还是发病了……我也会像姐姐一样吗？我是不是也注定要走姐姐的路？我不愿意，我不愿意，我不愿意……

茶茶外婆也絮絮叨叨着什么，谁也没听明白，她老泪纵横，仿佛在说媒婆什么，八字先生什么，观花婆什么……她的声音很小，谁也没听明白她说了些什么。

茶茶姐姐又发病了，和六年前一样，喜欢在油菜花丛中疯跑。有时候，茶茶姐姐还会把干净的衣服拿到东码头去洗了又洗，仿佛永远也洗不干净。她还喜欢把油菜花的花瓣儿撒进河中,看着花瓣儿顺水而去,她便“咯咯咯”地傻笑着……

茶茶家再一次笼罩着厚厚的阴霾,驱也驱不散的阴霾。

然而,再怎么厚的阴霾,生活还得继续。茶茶外婆继续绣花,茶茶妈妈继续卖菜,茶茶爸爸继续种菜,茶茶继续上学。

那些老茶客依旧在院子里抽烟,喝老茶,摆龙门阵。大壮爸爸也在,今天,他没有高谈阔论,只是要了一壶老茶沙,一口接一口地喝着,没有谈他陈家的光辉历史,没有摆那些陈芝麻旧谷子的往事。

“天和,到你的亲家这里来喝老茶,恐怕不用付钱了吧?”有人问。

“至少也打个五折。”有人说。

“都是亲戚了,还付什么钱呢?”还有人说。

……

陈天和没有说话,只是一口接一口地喝着老茶沙,仿佛那些人说的话与他无关,仿佛老茶坊里的一切都与他无关,他只关心这一壶老茶。

周末的清晨,茶茶如以前一样,给外婆摆好了生葵花子。外婆坐下来,拿起一粒葵花子,却没有放进嘴里。茶茶注意到,外婆已经好几天没有吃生葵花子了,姐姐的事,再一次让外婆感到心力交瘁。

茶茶坐在窗边,看着静静流淌的小河。河面上,一排竹排慢慢地漂过来,是陈大壮的竹排,上面还有胡子画家。年前,胡子画家离开了古镇,现在,他又回来了。

陈大壮朝着茶茶家的窗口挥手,他希望茶茶能看得见他,希望茶茶能去东码头洗衣服,因为他有话要对茶茶说。

茶茶姐姐发病那天,陈大壮回到家里,便听到了爸爸妈妈的对话:

“冯鹰发病了。”大壮妈妈说。

“跟我有关系?”大壮爸爸反问。

“他们家小茶,会不会也有这病?”大壮妈妈问。

“你都不知道的事情,我会知道?”大壮爸爸又反问。

“唉,小茶千万不要和她姐姐一样啊。”大壮妈妈说。

“一样不一样,都是命中注定的。”大壮爸爸说。

“我可不愿意给大壮娶一个疯媳妇回来。”大壮妈妈说。

“观花婆的话你信,媒婆的话你信,八字先生的话你也信,就差信疯媳妇的话了。”大壮爸爸说完,进屋去了。

“我也是为了大壮着想,大壮身子弱,才定了这门亲事,你横竖都不满意,退了就是……”大壮妈妈说着说着,便流泪了。

陈大壮看见一脸委屈与无奈的妈妈,在院子里愣了好久。

爸爸妈妈说的很多话陈大壮都不太明白,但妈妈那句“退了就是”,大壮却是听明白了。他想:这是要和茶茶家退婚吧?不是都已经定亲了吗?还能退吗?听说被退婚是一件很丢人的事情,茶茶姐姐一定会伤心死的……

于是,陈大壮很想见到茶茶,想跟茶茶说说话,想让茶茶开心。

陈大壮还给茶茶写了一封信。竹排在东码头靠了岸,陈大壮悄悄地进了东水门,沿着石板街,来到了茶茶家的院子门口,悄悄地探出脑袋,朝院里张望。这个时候还早,老茶坊的茶客们还没有到,茶茶外公也刚好出门呼吸新鲜空气去了，家里只剩下茶茶外婆和茶茶。

陈大壮在院门口张望的时候，正巧茶茶拿着扫把在打扫院子。陈大壮跑进院子，把写好的信拿出来，放在一张茶桌上，便飞快地跑出了院子。

茶茶打开信，看了起来。

茶茶姐姐：

我知道你心情不好，我也不知道该怎样安慰你。我只想对你说：高兴起来，不要那么伤心，听说太伤心了会生病。

茶茶姐姐，鹰儿姐姐的病，或许过了今年，就又好起来了，她以前不也好起来过吗？你不要想得太多了，鹰儿姐姐的病，和你没有关系，不能说她生了病，就决定了你会生病。就算做最坏的打算吧，就算你生了病，你还是我的茶茶姐姐。将来，我想当一名医术高超的医生，给鹰儿姐姐治病，我想我一定会治好她的。如果你真的生病了，我也一定能给你治好。

茶茶姐姐，你一定不要太伤心了。你一定要把这些烦恼都丢开，去看书，去做作业，不要想这些不高兴的事情。

一定要开心啊。

陈大壮

看了陈大壮的信，茶茶想哭，却又哭不出来。

此刻，有一个人和茶茶一样，想哭却又哭不出来。

这个人是谁？是坐在竹排上的胡子画家。

胡子画家今年来古镇那天，正好遇到茶茶姐姐发病。他刚走上这条老街，就看见了披头散发的茶茶姐姐。那一刻，他简直不敢相信自己的眼睛，他多么希望眼前这个人不是茶茶姐姐，不是老茶坊的冯鹰。

此刻，胡子画家坐在竹排上，望着那页空白画纸出神。

当年，他怀揣一份珍贵的礼物，满怀希望地再次来到古镇，走上青石板街，希望能够和青春美丽的冯鹰相遇的时候，他看见了令他心碎的一幕——

茶茶姐姐正在给一个使劲儿往嘴里塞粽子的男子擦脸，那个男子望着茶茶姐姐，傻呵呵地说："婆娘，好吃……"

茶茶姐姐说："够了够了，少吃几个，吃多了不消化，会拉肚子。"

“婆娘,我要瞌睡……”那个男子一边说,一边抓着茶茶姐姐的衣服,使劲地拽。

“富根,我们回家,慢点。”

胡子画家知道,他来迟了,他的那份礼物,已经送不出去了。

2

“要出事,要出事……”

鬼老头又在疯跑。

茶茶姐姐发病,已经让茶茶一家笼罩着一层厚厚的阴霾,而鬼老头又跑出来喊“要出事,要出事”,更让茶茶一家充满了恐惧。

“要出事,要出事……”鬼老头已经连续三天出来疯跑了。

古镇的春天,原本是那样美丽,然而,这幅绝美的水墨画,却因为鬼老头的疯跑,因为鬼老头念叨的“要出事”,渐渐晕染开来,晕成一幅阴云密布的暴风骤雨图。

陈大壮找到茶茶,他说他有一个大计划。

“什么计划?”茶茶问。

“不让鬼老头出来。”陈大壮说。

“你不要添乱。”茶茶说。

“不是添乱。如果鬼老头不出来,也许可以化解灾难。”陈大壮说这话的时候,像一个大人。

“出不出来,是鬼老头的事,你能阻止得了吗?”茶茶说。

“我有办法。”陈大壮一副胸有成竹的样子。

陈大壮把自己的想法和茶茶说了，茶茶非常担忧地说："大壮，我好怕……"

"茶茶姐姐，你不要怕。"陈大壮说，"如果你怕，你就回家去，我自己去做。我就是不想让他跑出来喊'要出事'，都出这么多不好的事了。"

茶茶虽然回到了家里，但她心里极为不安，她担心陈大壮这样做会遭到鬼老头的诅咒，她虽然不知道鬼老头有没有诅咒过别人，但是茶茶认为，如果鬼老头要诅咒一个人，肯定是十分灵验的。

快到吃晚饭的时候，镇里镇外家家都在准备晚饭了，有些爱用柴火做饭的人家，屋顶上冒着炊烟，那柴火的气息，能让人感受到家的温馨幸福。陈大壮一个人来到了鬼老头居住的地方，这是一处老旧的房子，看起来简直是摇摇欲坠。但奇怪的是，不管怎么刮大风下大雨，既便是有些人家的房子被风刮跑了屋顶，鬼老头的房子还是安然如故。陈大壮围着鬼老头的房子转了一圈，他不敢确定鬼老头是不是在家。突然，他看见鬼老头的屋顶冒出一缕青烟：真好，鬼老头在家做晚饭。

陈大壮四下里张望，没有看见人影，便开始实施自己的计划：用一根结实的绳子，把鬼老头门外的锁扣牢牢地拴住，相当于是从外面把鬼老头的门给锁住了。

陈大壮想：今天傍晚，你就不能出来乱跑乱喊了，等明天一大早，我再来放你出来。

陈大壮得意地想着，飞快地跑到老茶坊，把这个消息告诉给了茶茶。茶茶想：今天傍晚，鬼老头不能出来了吧？灾难就不会发生了吧?

但是,陈大壮并没能把鬼老头锁住。傍晚时分,鬼老头依旧在老街上疯跑,而且跑得很卖力,跑得气喘吁吁,连他喘的声音茶茶都能听得见。鬼老头依旧不停地念着:“要出事,要出事……”

茶茶在房间里坐立不安,她对自己说:不会的,不会出事的,鬼老头只是习惯这样跑这样喊,一定不会出事的……即便要出事,也是别人家出事……不会,别人家也不会出事……

的确,鬼老头比观花婆还灵,比八字先生还会算,他接连出来跑了这几天,的确是要出大事的征兆。

就在这天晚上,夜半时分,王富根突然疯了一样地大喊大叫。富根妈妈听见后赶紧起床来,她发现茶茶姐姐不见了。

“富根,鹰儿呢?”富根妈妈问。

“啊——啊——啊——”王富根只会尖叫,什么也说不出来。或许,他也不知道茶茶姐姐到哪里去了。

富根妈妈赶紧拨通了茶茶家的电话。

一阵急促的电话铃声打破了茶茶家的寂静,顿时,大家乱作一团。

“男啊,儿啊,赶紧去找我的鹰儿啊,这么半夜三更的,她一个女儿家,能跑到哪里去……”茶茶外婆瘫坐在地上,伤心欲绝。

“不急不急,马上就去找,说不定在回来的路上。”茶茶外公安慰着茶茶外婆,“鹰儿也真不懂事,半夜回家也不给富根妈妈说一声。”

茶茶外公看起来是在安慰茶茶外婆,其实他心里也极不踏实。

茶茶爸妈抓起手电筒就出了家门,开始四下里寻找茶茶姐姐。

镇上的好心人和茶茶爸爸妈妈一起找了一整夜,都没有找到茶茶姐姐。

第二天白天,大家又找了一整天,还是没有找到。

陈大壮来到茶茶家,像一个犯了错误的孩子,说:“茶茶姐姐,对不起,我没有能锁住鬼老头……可能是我的绳子不结实,也可能是鬼老头从别的地方跑出来了……”

陈大壮以为,这件事情的发生,归根结底就在于他没有能把鬼老头锁在屋里。

茶茶没有说话,只是不停地抹眼泪。见茶茶这样伤心,陈大壮更内疚了,他说:“我马上去找鹰儿姐姐……”

陈大壮刚走出老茶坊的院门,便被大壮爸爸抓走了。

“不准再乱跑,老茶坊不吉利,你再往那里跑,当心我打断你的狗腿。”大壮爸爸对陈大壮说。

“老茶坊没有不吉利,下次我把鬼老头的门锁得牢固一些,他就不会出来喊‘要出事’,茶茶家就不会出事了。”陈大壮说。

听了陈大壮的话,大壮爸爸瞪大双眼,大吼道:“你说什么?你去锁鬼老头的门?你不要命了?”

大壮爸爸的声音很大,样子也很吓人,吓得陈大壮不敢再说话了。

找不到茶茶姐姐,茶茶一家人都没有心思吃饭。茶茶外婆总是到东水门去张望,茶茶外公坐在院子门口,抽着叶子烟,喝着老茶,对前来喝老茶的茶客们说:“今天不开张,谢客。”

茶茶爸妈拖着疲惫的身体,到处寻找茶茶姐姐,清源宫里、王爷庙里、石龙门庄园、岩边、水边……都留下了他们寻找的脚印和呼唤的声音。

清源宫依旧，王爷庙依旧，石龙门庄园依旧……茶茶姐姐却不知道在哪里。

“老天爷，把鹰儿还给我！”茶茶爸爸跪在地上，双泪纵横。

“喊老天爷有屁用，赶紧找。”茶茶妈妈扯了扯茶茶爸爸的胳膊。

茶茶妈妈没有呼天抢地，她四下寻找，没有停止过。她头上的那两朵大花，已经只剩下一朵绿花了，丢掉的那一朵，或许是被林中的树枝挂掉的吧？剩下的那一朵绿花，耷拉着，已无生气。

王富根不愿意待在家里，他一个劲儿地往河边跑，往河里跳，富根妈妈根本就照看不住他，所以他时常是跳进河里后，又被附近的人拉起来，整天湿漉漉的。

“找到了，找到了——”老街上有人在喊。

“冯鹰找到了。”

“在哪里呢？”

“情况怎样？”

……

是的，茶茶姐姐被找到了。

第三天早上，有人在河边看见了茶茶姐姐，打捞上岸后，她的手里还捏一把油菜花。

“观花婆啊，你不是说我们家要添人进口吗？这人都添到哪里去了？这人都添进河里去了……”茶茶外婆哭喊着。

茶茶外公坐在竹椅上，忘了抽叶子烟，忘了喝老茶。

茶茶妈妈没有哭，但一时急火攻心，晕了过去，邻居们赶紧把她送进了医院。茶茶爸爸抱着茶茶姐姐，哭得很压抑，他尽量不让自己哭出声来，但总是忍不住。

王富根要和茶茶爸爸抢，他拉着茶茶姐姐的胳膊，说："婆娘，走，回家……"

"富根，鹰儿没了……"富根妈妈哭着说。

"婆娘，走，回家……"王富根很固执地拉着茶茶姐姐的胳膊，不知道他是不懂得眼前的人已经离开了这个世界，还是不愿意相信。

"富根，鹰儿……鹰儿她……死了……"富根妈妈怕王富根听不懂，直接用了"死了"这个词。

"呜呜呜——"王富根一听"死了"，放声大哭起来。

王富根放下茶茶姐姐的胳膊，沿着河边跑起来。他跑一小段路就摔倒一下，努力爬起来后又跑，不一会儿又摔倒了……王富根一边跑，一边放声大哭，一边摔倒，一边又爬起来……

袁佳辉接到电话后，买了当日的机票往回飞，辗转坐车转车，他回到家的时候，已经是晚上了。袁佳辉守在茶茶姐姐的棺木前，一句话也没有说，一粒饭也没有吃，一直到茶茶姐姐下葬。

茶茶姐姐安葬好了。茶茶一家的生活，却没办法回到以前。

茶茶爸爸整天在菜地里忙碌，一句话也不说，饭也比平时吃得少。袁佳辉也跟着茶茶爸爸一起，在地里忙碌。或许，他们都是想借着忙碌来赶走茶茶姐姐离世的阴霾。

茶茶妈妈没有去摆摊卖菜，她每天晚上都要去东码头，摇着一把不知道从哪里弄来的大红色的舞蹈扇，一边唱一边跳，仿佛要借

这样的场景来发泄心中的苦闷。

跳一阵扇子舞，茶茶妈妈又一边抽烟一边骂。

“狗日的观花婆。”

“狗日的孙妖婆。”

“狗日的鬼老头。”

“狗日的命。”

……

茶茶妈妈每天都要把观花婆、孙媒婆、鬼老头、命……都骂上一遍，才肯消停。

大家扔进她的小木盆里的零钱，她总是在离开的时候倒在地上，任由谁去抢，她都假装没看到。那群孩子守不到茶茶妈妈的美食，也就跟着散了。

茶茶外婆的身子骨不如以前硬朗了，上下楼梯都显得吃力，进厨房的事，便由茶茶妈妈完全接替过来，做好了饭，她还要上楼扶着茶茶外婆下楼吃饭。

每天放学后，茶茶便早早地回家，陪着外婆绣花，帮着妈妈做家务。当谁也不用陪的时候，茶茶便一个人待在房间里，一边做着作业，一边想念着姐姐。

好心的茶客们，依旧到老茶坊喝老茶，他们把镇里镇外的大事小事都拿来讲给茶茶外公听，为的是让茶茶外公从悲伤中走出来。

“张打铁”铺子里的打铁嫂，时不时地朝老茶坊张望一下，她小声地念叨着：“老茶家到底犯了哪尊菩萨了？接二连三这么多事，唉！”

打铁嫂做了一些米糕，拿到茶茶家，对茶茶外婆说：“老茶婆婆，都过去了，一家人总还要好好生活……我做的米糕，您看合口味不……”

“唉！”茶茶外婆重重地叹了一口气。她捡起一块米糕，咬了一小口，嚼了嚼，说，“是要好好活……”

“老茶婆婆，要不要我去给你请观花婆来？”打铁嫂问。

茶茶外婆顿了顿，说：“不请了……观得了前世，观不了今生；观得了来世，观不了今生……有些东西，也不能全信……”

晚上，茶茶家开了个家庭会议。茶茶外婆说：“兰兰走了，鹰儿也走了，我想，她们是觉得那边会过得更好，她们是结伴儿享福去了……我们还在这边的，也要好好活，也要享我们该享的福，不要让她们在那边为我们担心……该种菜的好好种菜，该卖菜的好好卖菜，该读书的好好读书，该喝老茶的好好喝老茶，我也好好地绣花纳布鞋做饭。佳辉，你看你愿意怎样，待在这里，到外面去打工，你自己选择，外婆不替你做主张……”

茶茶外婆还是以前那一家之主的模样，几句话就把大家往后该过的日子都安排好了。

袁佳辉暂时没有外出，他对惊惶万分的茶茶说：“小茶，哥哥暂时不走了，你不要怕，有哥在。”

“嗯。”茶茶使劲儿地点了点头。

是的，有袁佳辉在家里，茶茶一家人都感到踏实。

茶茶想姐姐了，她采了一些油菜花，做了一个花环，来到了姐姐的坟边。茶茶发现，姐姐的坟头，已经有了一个油菜花环。茶茶在心里问：是谁送来的呢？是陈大壮吗？

3

初夏时节，游客增多，古镇越来越热闹。老街的石板街上，满是游人的脚印。老街上的那里店铺里，满是游人们的身影，以及他们讨价还价的声音。那些米酒，那些蓑衣斗笠，那些咸菜，那些臭豆腐，那些梅子酒，那些苞谷泡儿，那些草药，那些香粽……都因游客们的喜欢而被带到四面八方。

这一天，茶茶在抽屉里找东西的时候，翻到了大壮妈妈在做相时送给她的手镯。看着这只手镯，心想：是不是该把它还回去了？我们家出了这么多事……

茶茶一走神儿，手一滑，一声脆响，手镯掉到地板上，碎了。

这么贵重的东西，就这样被摔坏了，同时，茶茶的脑子里突然闪过一个不祥的念头，她没有忍住，“呜呜”地哭出了声儿。

隔壁的外婆听到茶茶的哭声，赶紧丢下手中的针线，来到茶茶房间。此刻的茶茶，蹲在地板上，把头埋在两膝间，不管不顾地哭。好长时间以来，茶茶都压抑着自己的情绪，她尽量在家人面前表现出开心的样子，替家人解愁，也希望大家放心：茶茶是好好的。

“丫头，怎么了？”茶茶外婆问。

茶茶只管哭，没有回话。

茶茶外婆看到了地上的碎手镯,她慢慢地弯下腰,轻轻地捡起来,看了看,说:“碎了呀……唉……”

茶茶听见了外婆的那一声轻叹。

“丫头,不哭了,碎了就碎了,岁岁平安嘛。”茶茶外婆扶着茶茶的双肩说,“起来,别把腿蹲木了。”

茶茶外婆扶起茶茶,抽出一张纸巾来,一边替茶茶擦眼泪,一边说:“丫头,不要哭了,手镯碎了就碎了,不要哭坏了身体。只要人还好,就比什么都好。”

其实,茶茶哭的不只是这只手镯,她是在哭这些日子以来家里

的不幸，是在哭自己未知的前程，是在哭手镯摔碎的那一瞬间脑子里突然闪过的那一丝不祥之感……

就在手镯碎了的那个傍晚，茶茶又看见了鬼老头，他和往常一样，在老街上跑来跑去，嘴里依旧念着那三个字："要出事，要出事……"

这一晚，茶茶一家人都无法入眠。半夜，茶茶外婆起床来，接着绣那块老布。她觉得房间里闷得慌，便轻轻地打开房间门，到阳台上透透气。茶茶爸妈的房间也亮着灯，茶茶爸妈还在小声地说话。

"不要太拼命了。"茶茶妈妈说。

"不拼命使劲儿，心头慌。"茶茶爸爸说。

"我们还撑得住，我是担心爸妈的身体。"茶茶妈妈说。

"还有小茶，她胆子小。"茶茶爸爸说。

"唉！狗日的命！"茶茶妈妈骂道。

"随命吧，注定的。"茶茶爸爸说。

……

"唉……"茶茶外婆轻轻地叹了一口气，她倚着雕花栏杆，任夜风吹拂。

"嘎吱——"袁佳辉也睡不着，他打开房门，出来了。

"外婆，进屋去，外面凉。"袁佳辉扶着外婆，准备朝房间里走。

"佳辉，外婆睡不着，你陪外婆到楼下大厅坐会儿。"茶茶外婆说。

"嗯。"袁佳辉知道，外婆是怕在这里说话影响到家人睡觉。

袁佳辉扶着外婆，下了楼，来到大厅，坐了下来。

“佳辉啊,”茶茶外婆拉着袁佳辉的手,说,“你怪不怪外婆?”

“外婆一直喜欢我,没有什么值得我怪的。”袁佳辉说。

“你越是不怪,外婆这心里就越是难受啊。”

“外婆,我相信命。”

“观花婆、八字先生,都说能推算前世,测到来世,可是,他们连一个人的今生都算不准,谁会相信他们推算出来的前世和来世呢?”

“以前,我不相信命,现在,我信了。”

“佳辉,你这是在怪外婆了。”

“真的没有,外婆。我也在努力,也想平平安安地过日子,比如我和黄兰兰,我真的是在努力地想过好,但就是过不好,我觉得这就是命中注定的。”

“唉,佳辉啊,我对不起你在天上的爹娘和你的婆,我没有替他们照顾好你。”

“外婆,家里人对我都很好……”

“啊——”

茶茶外婆和袁佳辉正在聊天,他们突然听见楼上一声尖叫。

是茶茶在尖叫。

“外婆,你坐着别动,我去看看。”

袁佳辉说完,飞快地跑上楼,来到茶茶的房门口,拍着房门,喊道:“小茶,小茶,你怎么了?”

茶茶爸妈也听到了尖叫声,他们也起床出来了。茶茶外婆哪里坐得住?她也十分着急地上楼来了。

茶茶打开房门,一头扑进妈妈怀里,大哭起来。

“小茶,不哭……”茶茶妈妈抚着茶茶的头,扶着她来到床前坐下。

“丫头啊,怎么了?”茶茶外婆问,“是不是做噩梦了?”

“嗯。”茶茶一边哭,一边点头回答。

“把枕头翻个面儿再睡,就好了。”茶茶外婆替茶茶把枕头翻了个面儿。

这一夜,大家都没能合眼。茶茶一直惊恐地望着天花板发呆,大家都陪在她身旁,不敢离开。

第二天,天还没有亮,便有人来敲茶茶家的院门:“老茶公,老茶婆,石龙门庄园,陈家,遭火烧了……”

陈大壮家在这一带没有亲戚,那人认为,茶茶家和陈大壮家定过亲,这事儿理应通知他们。

就在茶茶做噩梦的这一晚,也许就在茶茶做噩梦的那一刻,陈大壮家起火了。这场大火,烧得“噼里啪啦”响,火光冲天。当时,正巧有走夜路的人路过那里,那人不顾一切地冲进屋里,抱出了陈大壮。大壮爸妈住的房间,房梁倒塌下来,压住了大壮爸妈……那人及时呼救,附近的人赶来,迅速弄出隔火带,再加上石龙门庄园原本就有高高的封火墙,再大的火,也越不过封火墙,整个石龙门庄园才不至于遭到完全毁灭。

茶茶终于明白:那摔碎的手镯,就是预兆,自己做噩梦的那一刻,陈大壮家真正的噩梦便开始了……

陈大壮被吓坏了。一夜之间,便没有了爸爸妈妈,没有了家,哪个十来岁的孩子能承受得住?

“大壮,不要怕。”袁佳辉紧紧地拥着陈大壮。

陈大壮紧紧地依偎着袁佳辉,不说一句话,不吃一口饭。

陈大壮暂时住在茶茶家,和袁佳辉住一个房间。家里被烧了个精光,茶茶外婆走进服装店,给陈大壮添置了几套衣服,还让茶茶给他买了一些学习用品。茶茶外婆说:“可怜的娃啊,没有了爹妈,没有了家,我们要好生照顾着,不能让他缺了吃缺了穿,学习也不能耽搁……”

一开始,有人怀疑是胡子画家放的火,认为他这些年一直在石龙门庄园进出,他可能会贪图陈大壮家的钱财;更有甚者,怀疑胡子画家想对大壮妈妈图谋不轨,没有得逞,便纵火行凶。

离开石龙门庄园不久的胡子画家,在接受调查时才得知陈大壮家出事了,他以最快的速度赶了回来。面对众人的怀疑与指责,他没有争辩。与人争辩,不是他的性格。胡子画家之前住的那间屋,已经被烧毁,他重新找了一间空屋,稍作修整,买了一些生活必需品,便住了进去。

经过调查,这场大火,与胡子画家无关。

陈大壮一直在茶茶家生活,一家人都很照顾他,他也渐渐习惯了。只是,他还没有完全从父母双亡的阴影中走出来,时不时还会悄悄地抹眼泪。

这几天,“张打铁”铺子里的打铁嫂,总是找借口到茶茶家,和茶茶外婆聊天,找陈大壮说话,还给陈大壮买吃的穿的,嘘寒问暖,很关心的样子。

“老茶婆婆,大壮现在还习惯吧?”打铁嫂问。

“这孩子啊，命苦，被吓坏了，还不太能吃得下东西。”茶茶外婆说。

“唉，可怜的娃。”打铁嫂说。

“这么小的娃，没了爹妈，陈家哪辈子造的孽哟，让这么小的娃来还债。”茶茶外婆说。

“老茶婆婆，我们邻居这么多年，一直和睦，想托您老人家一件事儿……”

“说吧，我可是把你当自家姑娘看待的。”

“大壮没爹没妈，也不能一直由你们家带着，您看，是不是该给他找一户人家，有人收养了，也为你们家减轻些负担。”

“嗯，负担谈不上，我们家也不缺大壮吃的那几口饭。不过，我还是想知道，是哪户人家想收养大壮呢？”

其实，茶茶外婆已经猜到，是无儿无女的打铁嫂想收养大壮。

“老茶婆婆，你看我，这么些年来，肚子也不争气，也没能添个一男半女的，我想吧，我们家收养大壮，最合适。”

“这是件大事，我们也做不了主，要看大壮本人愿不愿意。”

“那就劳烦您老人家帮我说说。”

……

一天，茶茶外婆做饭的时候，陈大壮进厨房帮着洗菜，茶茶外婆便问他是否愿意到隔壁铁匠铺去，跟张打铁和打铁嫂一起生活。陈大壮想也没想就说：“不去！”

陈大壮的语气很坚决，茶茶外婆便也不好再劝什么，她甚至担心如果自己劝得过多，会让陈大壮觉得：这个家容不下他，想把他赶出去。

胡子画家也来找过茶茶外婆，他想收养陈大壮。胡子画家说：“外婆，我和大壮本是一家，都是同一个陈，我和大壮也合得来，如果大壮跟我走，我会像对待自己的孩子一样对他好，您就放心吧。”

茶茶外婆想啊：胡子画家性格是很好，肯定也会对大壮好，但他一个在外面漂来漂去的人，没有一个安定的生活，大壮跟着他，不就要跟着吃苦吗？大壮还是个孩子啊……

茶茶外婆还是征求了大壮的意见，她对大壮说：“你胡子叔叔想带你走，你愿意跟他走吗？”

陈大壮想了想，说：“外婆，我愿意。我跟胡子叔叔走了以后，你们就不用为我操心了。”

听陈大壮这么一说，茶茶外婆顿时老泪纵横，她把陈大壮拥进怀里，说：“乖乖啊，大壮，外婆不是要撵你走啊，你不要想多了。外婆舍不得你走。你胡子叔叔想收养你，如果我不告诉你，我怕你将来长大后怪我……”

陈大壮也哭了，他说：“外婆，我不想走，爸爸妈妈都在这里，我不离开他们……”

“好好好，不走，不走，不离开这里。”茶茶外婆抚摸着陈大壮的头，说，“乖啊，就住在外婆家，我们大家都舍不得你走。”

茶茶外婆在心里说：当初做相的时候，大壮给我们磕了头，就注定他是我们家的孩子了……观花婆啊，你说我家要添人进口，就是这么添人进口的吗？能添这么一个乖巧的孙子，我自然高兴，但是，我宁可不添人进口，也希望大壮爸妈好好地活着啊……老天爷啊，

这个家,再也经不起折腾了……

茶茶妈妈又过回了以往的日子。每当收了菜摊,她便倒游人多的东码头去乞讨。你看,她拿的还是老行头:一个小木盆,十余张面值为一元的纸币,几枚硬币,一把破旧的折扇。茶茶妈妈把这些面值为一元的纸币,一张一张地挂在小木盆的边沿,再把硬币放在木盆里,跟摆商品似的,然后,一边摇着那把破旧的折扇,一边抽着叶子烟,那烟圈不停地从她的鼻子里钻出来,很快就飘散到人群中去了。

不过,与往常不一样的是,她格外看重乞讨得来的钱,每当那些围着她转的孩子们想像以前一样,从她那里拿到零钱或拿到好吃的东西的时候,她总是挥着烟杆儿假装要敲他们的脑袋,恶狠狠地驱赶着他们,假装恶狠狠地大吼道:"狗日的龟孙子们,不要想用我的钱,除非我家那小儿用剩了,才有你们的份儿……"骂归骂,茶茶妈妈还是会拿出一小部分钱来,买了好吃的,递给这群馋嘴的孩子。

然后,茶茶妈妈会买几样小吃,带回家去,一进门便喊:"大壮,大壮……"

有时候大壮来不及跑过来,跑过来的是茶茶,茶茶妈妈便假装生气地说:"小茶,姑娘家不要太馋,将来嫁不出去。"

"哼,我不嫁。"茶茶也假装生气地说,"我得先把这张嘴顾上。"

更多的时候是大壮拿上这些好东西,叫上茶茶,先是去问外婆要不要吃,然后再找个地方一起分享。

决定一直生活在茶茶家以后,陈大壮渐渐开朗起来。

放暑假了,陈大壮还是经常撑着他的竹排,在河里捕虾网鱼。

有时候，他会跟着袁佳辉，到地里田间去一边帮着做些杂活儿一边玩儿。

有时候，他会跑到茶茶妈妈的菜摊上，帮着称秤收钱。

有时候，他会坐在大厅里，做着作业，茶茶外婆需要穿针引线的时候，他便笨手笨脚地抢着帮忙。

有时候，他会像大人一样，把一锅老茶烧好，倒进茶缸里，等茶客们来喝茶。

有时候，他会跟茶茶闹别扭，茶茶外婆总是替陈大壮说话，茶茶便假装生气，说外婆重男轻女。

一天，趁陈大壮捕鱼去了，茶茶问外婆："外婆，一定要把我嫁给陈大壮吗？"

"丫头啊，婚姻自由，将来，你选一户你自己喜欢的人家，自己做主，嫁了就是。"茶茶外婆一边纳着千层底，一边说。

"真的吗？"茶茶惊讶地问，"不用嫁给陈大壮了？"

"嗯，"茶茶外婆说，"如果将来你和大壮有缘，也是可以的，一切随缘吧……"

就在这时候，陈大壮和袁佳辉一起走进院子里来了。袁佳辉挑着满箩筐菜，陈大壮也背了一个大背篓，他把背篓放下来，说："佳辉哥哥，我绝对是你的好搭档，不像茶茶姐姐，只会绣绣花……"

"呃——"茶茶听了陈大壮的话，冲着他翻了翻白眼儿，说，"你那点菜我能背，我这花，你会绣吗？"

"呃——"陈大壮也冲着茶茶翻了翻白眼儿，说，"我不跟你斗，佳辉哥哥说的，我是男子汉，要让着你才对。"

“哼！找借口，明明就是说不过我。”茶茶说。

“好了好了，不要斗了，都洗洗手，准备吃饭了。”茶茶外婆微笑着起身来，进厨房里去了。

尾声

初夏时节,塘河古镇依旧那么美。

那些古旧的建筑,那些斑驳的老墙,那些雕花的窗棂……还有老街上的那些青石板,那些店铺,那些变了色的幌子……都在远古的温热中,沉醉,静默。

塘河水,还是那么清。河里的竹排,以及竹排上的人,还是那么悠闲。

陈大壮的竹排上,依旧是胡子画家。胡子画家坐在竹排上,支着画板,画板上夹着的画纸上,空空如也。

此刻,一个女孩从东水门出来,依旧是标准的童花头,一身对襟亚麻中袖衬衫,依旧端着一个白色的瓷盆,瓷盆里装着几件衣服。她顺着石级,一步步下到东码头来。

她叫茶茶。

“茶茶姐姐——”竹排上的陈大壮一边挥手一边喊。

茶茶微笑着,朝陈大壮挥了挥手,便蹲下身来,开始洗衣服。

“胡子叔叔,吼山歌。”陈大壮对胡子画家说。

“好咧——”胡子画家说完,便开始吼山歌:

　　　　　　哟嗬哟嗬哟嗬,

哟嗬哟嗬哟嗬，

哟嗬嗬——

谁家幺妹儿在淘菜，

谁家幺妹儿在淘米，

谁家幺妹儿在煮饭，

谁家幺妹儿在洗衣。

哟嗬哟嗬哟嗬，

哟嗬哟嗬哟嗬，

哟嗬嗬——

谁家汉子在挑水，

谁家汉子扶铧犁，

谁家汉子在撑船，

谁家汉子在锄地。

这山歌，胡子画家吼得很投入，吼得很抒情。他一遍又一遍地吼着山歌，如果你仔细听，定能听出一些古老的故事来。